Ralf Olbrich

Aufbau einer Zeitwirtschaft

Beschreibung der Vorgehensweise

Wirtschaftsverlag Bachem Köln

Die Deutsche Bibliothek – CIP-Einheitsaufnahme

Olbrich, Ralf:
Aufbau einer Zeitwirtschaft: Beschreibung der Vorgehensweise
/ Olbrich. – Köln: Wirtschaftsverl. Bachem, 1993
Zugl.: Dortmund, Univ., Diss., 1993
ISBN 3-89172-258-3

D 290

Umschlagentwurf: Bettina Hartmann, Köln
Gesamtherstellung: Druckerei J.P. Bachem GmbH & Co. KG Köln
Printed in Germany
ISBN 3-89172-258-3

Vorwort

Die Veränderungen in Technik und Gesellschaft, von Markt und Produktion stellen an den verantwortlich tätigen Ingenieur immer neue und erweiterte Anforderungen. Er benötigt heute nicht nur Kenntnisse in den technischen Fächern, sondern ebenso zu Fragestellungen aus organisatorischer, wirtschaftlicher und arbeitswissenschaftlicher Sicht. Betriebliche Probleme und deren Lösung zwingen ihn zu einer ganzheitlichen Betrachtung des Betriebsgeschehens und zum Einsatz neuzeitlicher Methoden und Hilfsmittel. Die technische Betriebsführung ist das bindende und steuernde Element im soziotechnischen System.

Dieses Buch will dem Ingenieur, der im Unternehmen Verantwortung für die technische Betriebsführung trägt, Orientierungs- und Handlungshilfen für den Aufbau einer Zeitwirtschaft bieten. Ausgehend von neuzeitlichen Anforderungen an Informationssysteme werden einerseits die Ermittlung, die Verdichtung sowie die Bewirtschaftung von Zeitdaten und andererseits die Analyse sowie die Optimierung zeitwirtschaftlicher Informationsflüsse beschrieben. Dazu werden auch ergänzende Hilfsmittel - z.B. für die Auswahl von Zeitermittlungsmethoden - anhand von Betriebsbeispielen dargestellt, die Bestandteil der beschriebenen Systematik zum Aufbau einer Zeitwirtschaft sind.

Ralf Olbrich

Inhaltsverzeichnis **Seite**

1 Einleitung

1.1 Ausgangssituation

Die Produktionsunternehmen der Bundesrepublik Deutschland müssen sich mit ihrem hohem Exportanteil dem internationalen Wettbewerb stellen und dort nicht nur ihre Marktanteile behaupten, sondern möglichst vergrößern. Ein Wachsen der Marktanteile ist zunehmend nur noch durch Verdrängungswettbewerb möglich, da viele Märkte Sättigungserscheinungen aufweisen. Dieses zeigt sich in Form eines qualitativen statt eines quantitativen Wachstums. Nicht mehr hohe Kapazitätsauslastungen sind primäre Zielkriterien für den durch höheren Wettbewerbsdruck gekennzeichneten Käufermarkt mit steigenden Kundenansprüchen und kürzer werdenden Produktlebenszyklen, sondern es rücken für viele Unternehmen Zielkriterien wie Variantenvielfalt und Produktionsflexibilität in den Vordergrund.

Die Fähigkeit eines Unternehmens, sich der Konkurrenz erfolgreich zu stellen und somit die Marktführerschaft für ein Marktsegment erlangen zu können, erfordert einen eindeutigen Wettbewerbsvorteil gegenüber anderen Unternehmen. Bei vergleichbarer Funktionalität und Qualität der Produkte kann dieser Wettbewerbsvorteil vor allem durch zeitabhängige Faktoren erlangt werden. Die Verkürzung der Innovationszeit und des Liefertermins nimmt dabei einen besonderen Stellenwert ein.

Eine Verkürzung der Innovationszeit bewirkt, daß ein vergleichbares Produkt eher als das Produkt der Konkurrenz auf dem Markt angeboten werden kann. Durch diesen Zeitvorteil ist ein Unternehmen in der Lage, früher als andere Erfahrungen mit dem Produkt zu sammeln, und erreicht somit auch einen Wissensvorteil. Dieser Zeitvorteil wird sich allerdings erst dann in einen Wettbewerbsvorteil umsetzen lassen, wenn er sich unter Einhaltung des Liefertermins bis zur Lieferung des Produkts an einen Kunden aufrecht erhalten läßt.

Die Flexibilisierung und die Verkürzung der Arbeitszeit stellt eine weitere Herausforderung für die Unternehmen dar. Um sich auch dieser Aufgabe erfolgreich stellen zu können, bedarf es u.a. zeitbezogenen Informationen, damit die - für das jeweilige Unternehmen - richtigen Maßnahmen eingeleitet werden können.

Somit ist letztendlich zur Sicherung des Wettbewerbsvorteils eine Optimierung der Wertschöpfungskette notwendig, um die Wünsche der Kunden nach ihrem Produkt nicht nur früher als die Konkurrenz, sondern auch termingerecht erfüllen zu können. Dazu müssen - neben der Schaffung entsprechender organisatorischer Strukturen - Informationssysteme zur Reduzierung datentechnischer Aufwände im Unternehmen bereitgestellt werden.

1.2 Zielsetzung der Arbeit

Der Faktor "Zeit" ist nicht nur gleichbedeutend neben die Wettbewerbsparameter "Kosten" und "Qualität" getreten, sondern ist zu einer Schlüsselgröße für die Gewinnung von Marktanteilen, die Reaktionsfähigkeit bei der Umsetzung von Kundenwünschen in marktfähige Produkte, die Kundenbelieferung, die Kapitalbindung in der logistischen Kette sowie für die Rentabilität und die Wirtschaftlichkeit einer Unternehmung geworden /WILDEMANN 91, S. 339/. Es wird deutlich, daß neben den "Kosten" und der vielfach betrachteten "Qualität" nun bewußt die Betrachtung der "Zeit", die sich z.B. in den Kosten widerspiegeln, in den Mittelpunkt rückt /vgl. RUTT 91, S. 35; EIDENMÜLLER 89, S. 12/.

Im Rahmen dieser Arbeit wird die Betrachtung der "Zeit" bzw. der Zeitdaten, die z.B. für die Auftragsabwicklung, die Kostenermittlung, die Personalplanung oder die Investitionsentscheidungen erzeugt und verwendet werden, in den Mittelpunkt gestellt. Der Begriff "Zeit", als Information für ein Unternehmen, soll auf ursächlich beeinflußbare, zeitdatenbezogene Informationen und nicht auf extern vorgegebene Zeiten wie die Arbeitszeit angewandt werden.

Die Betrachtung der Information und der Entwicklungsrichtungen von informationsverarbeitenden Systemen - sowie die allgemein in jüngster Zeit gesammelten Erfahrungen - stellen den Ausgangspunkt dieser Arbeit dar. Die Erkenntnisse, die bisher bei der Entwicklung und dem Einsatz von Informationssystemen gewonnen wurden, sollen verallgemeinert für den Aufbau zeitbezogener Informationssysteme genutzt werden.

Dazu bedarf es, neben der Analyse von Informationen und informationsverarbeitenden Systemen, schwerpunktmäßig der Betrachtung der Information "Zeit". Nicht nur die Elemente eines zeitbezogenen Informationssystems - wie das Ermitteln, das Verdichten oder das Verwenden von Zeitdaten - und in diesem Zusammenhang Möglichkeiten der Rechnerunterstützung müssen betrachtet werden, sondern es müssen insbesondere Hilfsmittel zur Auswahl geeigneter Methoden oder zur Analyse der zeitbezogenen Informationsflüsse entwickelt werden, um die Systematik zum Aufbau einer Zeitwirtschaft erstellen zu können.

Somit ergibt sich auf Grund dieser Zielsetzung die im **Bild 1.1** beschriebene Vorgehensweise.

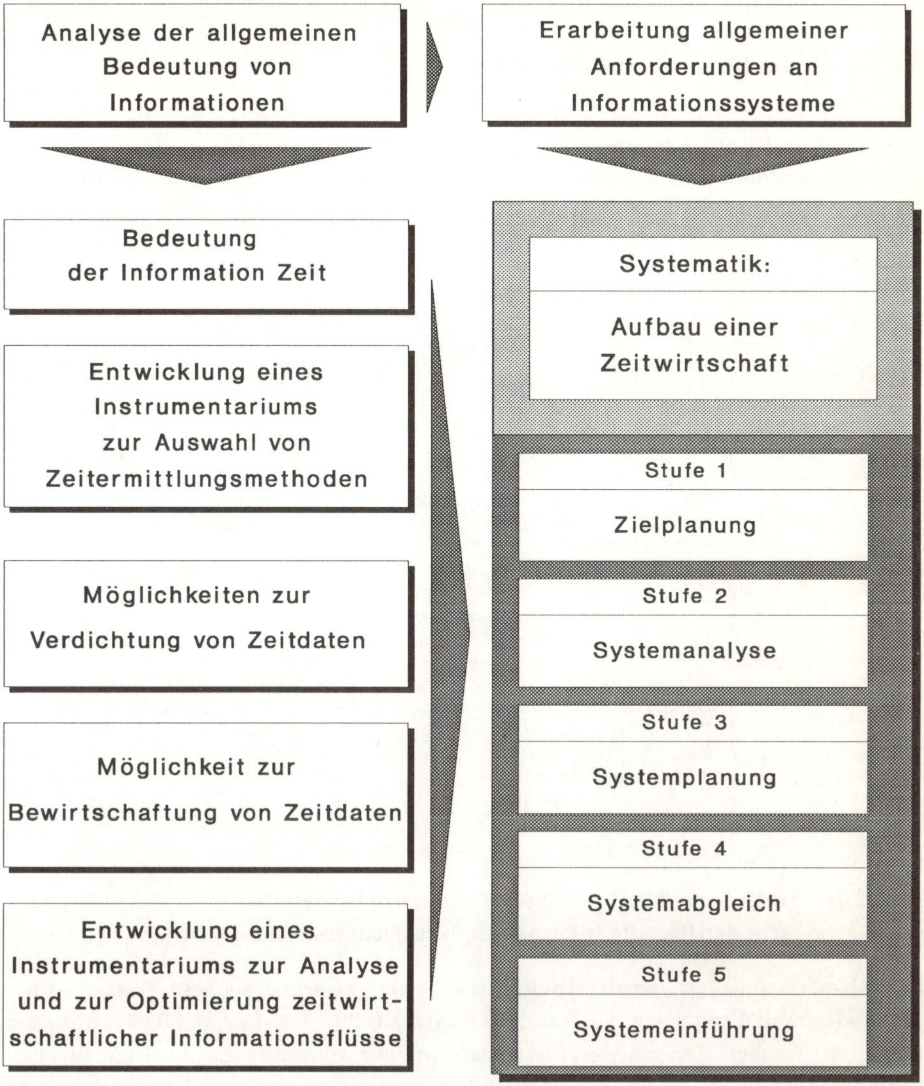

Bild 1.1: Vorgehensweise im Rahmen der Arbeit

2 Informationen und Informationssysteme im betrieblichen Umfeld

2.1 Bedeutung von Informationen

Der Begriff Information sowie die damit im Zusammenhang stehenden Begriffe Nachricht und Datum werden zum Teil unterschiedlich beschrieben (vgl. **Bild 2.1**) und bedürfen daher für die weitere Vorgehensweise einer festgelegten Bestimmung im Sinne einer einheitlichen Terminologie.

Begriff	technisch	betriebswirtschaftlich
Information	Vom allgemeinen Verständnis her eine Nachricht, die eine für den Empfänger wesentliche Aussage enthält.	Zweckbezogenes Wissen über Zustände und Ereignisse, das im Informationssystem einer Unternehmung übermittelt, gespeichert und verarbeitet wird.
Nachricht	Aussage jeglicher Art, im allgemeinen in schriftlicher oder mündlicher Form, wobei die Art der Übertragung von sekundärer Bedeutung ist.	Übertragene Information oder übertragenes Signal.
Datum	Mit Hilfe genau bestimmter, fixierter Zeichen dargestellte Nachricht bzw. Information.	Zum Zwecke der Verarbeitung zusammengefaßte Zeichen, die aufgrund bekannter und unterstellter Abmachungen eine Information darstellt.

Bild 2.1: Technische /MLPS 85, Teil 1/ und betriebswirtschaftliche /GABLER 88/ Sicht der Begriffe Information, Nachricht und Datum

Betriebswirtschaftlich wird "Information" als zweckbezogenes Wissen über Zustände und Ereignisse verstanden /GABLER 88, Band 1, S. 2538/, während technisch gesehen der Schwerpunkt mehr in der wesentlichen Aussage für den Empfänger liegt /MLPS 85, Teil 1, S. 162/. Die mitangesprochene Verwendung von Information wird betriebswirtschaftlich durch "die Übermittlung, die Speicherung und die Verarbeitung in einem Informationssystem" /GABLER 88, Band 1, S. 2538/ umfassender gesehen als bei der technischen Sicht, die nur dem Empfänger - was vergleichbar mit dem Übermitteln von Informationen ist - Bedeutung schenkt. Obwohl diese Begriffsbestimmungen unterschiedlich sind, ergänzen sie sich doch. Die "wesentliche Aussage" /MLPS 85, Teil 1, S. 162/ wird durch das "zweckbezogene Wissen über Zustände und Ereignisse" /GABLER 88, Band 1, S. 2538/ erläutert. VALLONE grenzt dagegen den Begriff Information dadurch ein, daß für ihn nur diejenigen Informationen von grundlegender Bedeutung sind, die die Datenbasis für eine Entscheidung bilden /VALLONE 90, S. 81/.

Zwischen "Information" und "Nachricht" besteht jeweils eine direkte Beziehung. GABLER versteht die übertragene Information als Nachricht /GABLER 88, Band 2, S. 518/. REFA sieht diese Begriffe zwar synonym /MLPS 85, Teil 1, S. 162/, siedelt aber die "Nachricht" insofern niedriger an als die "Information", da die Nachricht nicht ausschließlich wesentliche Aussagen enthalten muß; darüber hinaus wird der Art der Übertragung keine große Bedeutung beigemessen.

Übereinstimmung besteht darin, daß ein Datum bzw. Daten aus Zeichen bestehen und unter definierten Randbedingungen Informationen darstellen. REFA spricht dabei von genau bestimmten und fixierten Zeichen, gebunden an einen Datenträger /MLPS 85, Teil 1, S. 162/, während GABLER den Aspekt der zusammengefaßten Zeichen aufgrund von Abmachungen zum Zwecke der Verarbeitung /GABLER 88, Band 1, S. 1126/ in den Vordergrund rückt.

Betrachtet man die Verbindung zwischen den drei Begriffen näher, so kann die in **Bild 2.2** dargestellte Verknüpfung aufgebaut werden. Hierdurch wird deutlich, daß sowohl der Begriff "Datum" als auch der Begriff "Nachricht" eine Beziehung zum Begriff "Information" haben.

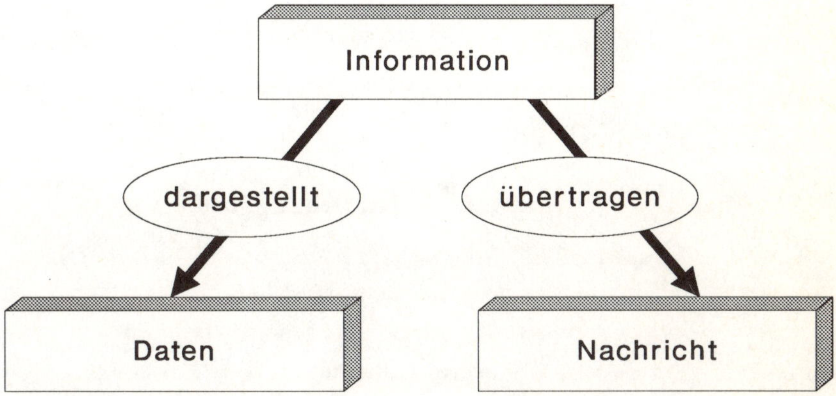

Bild 2.2: Verknüpfung zwischen Daten, Nachricht und Information

Im Rahmen dieser Arbeit soll der Begriff "Information" als zweckbezogenes Wissen über Zustände und Ereignisse mit einer für den Empfänger wesentlichen Aussage, der Begriff "Nachricht" als eine übertragene Information und der Begriff "Datum" als eine dargestellte Information verstanden werden. Weitere Zusätze aus den betrachteten Begriffsbestimmungen werden nicht berücksichtigt; einerseits werden Daten und nicht Informationen von Systemen gespeichert und verarbeitet, andererseits werden Nachrichten übermittelt und nicht Informationen.

Die Bedeutung der Information in den heutigen Unternehmen läßt sich daran erkennen, daß bis zu drei Viertel der Belegschaft die Arbeitsaufgabe hat, Informationen zu erfassen und in Datenform aufzubereiten sowie Daten zu verarbeiten, ohne mit den Produkten selbst in Berührung zu kommen. Somit kann zu Recht die Ansicht vertreten werden, daß der "Information" die Rolle eines Produktionsfaktors zukommt, dessen Qualität und Verfügbarkeit maßgeblich zum Unternehmenserfolg beiträgt /AUGUSTIN 90, S. 31/.

Diese Aussage verdeutlicht VALLONE, für den die Information ein "fundamentaler Bestandteil des Produktionsprozesses" ist, indem er in diesem Zusammenhang die Information den "vierten Produktionsfaktor" nennt /VALLONE 90a, S. 81/. Dieser Produktionsfaktor, der den anderen voranzustellen ist (vgl. **Bild 2.3**), muß sowohl effektiv als auch rationell eingesetzt werden /PICOT 90, S. 6/.

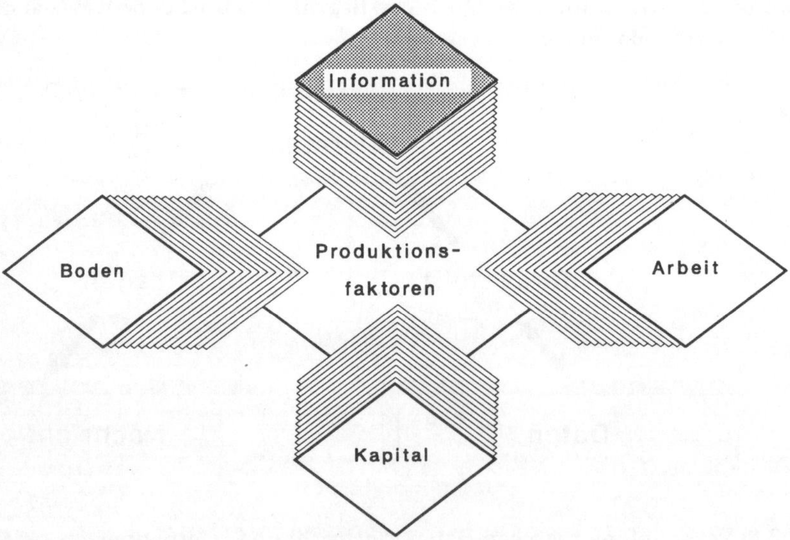

Bild 2.3: Produktionsfaktoren im Unternehmen /vgl. dazu GABLER 88, Teil 2, S. 1010/

Informationen haben aber nicht grundsätzlich den Charakter eines Produktionsfaktors. Informationen werden erst zu Produktionsfaktoren, wenn gewährleistet ist, daß "arbeitsprozeßsteuernde Informationen aus den Kerngeschäftsprozessen zu Informationen des Managements aufbereitet werden, mit deren Hilfe dann Lenkungseingriffe in die Unternehmensprozesse bewirkt werden" /EIFF 89, S. 64/. Obwohl dieser Einwand, bezogen auf die Frage nach der Zweckmäßigkeit von Informationen, richtig ist, erscheint diese Einengung des Informationsbegriffs nicht sinnvoll. Wichtig dagegen ist der Hinweis, die Informationen aufzubereiten, um damit Lenkungseingriffe zu bewirken, so daß nicht die Information selbst von Bedeutung ist, sondern eine Information erst in Verbindung mit Informationssystemen die Bedeutung eines Produktionsfaktors erlangt.

2.2 Bedeutung von Informationssystemen

Ein (betriebliches) Informationsystem umfaßt die Gesamtheit aller Kommunikationswege, Informationsflüsse und informationsverarbeitenden Funktionen, die der Abwicklung des Informationsprozesses dienen /KNIPP-RENTROP 75, S. 29/. Wesentliche Aufgabe von Informationssystemen ist die Informationsgewinnung und -verarbeitung /GABLER 88, Band 1, S. 2545/. Die Elemente eines Informationssystems (vgl. **Bild 2.4**), die untereinander und mit der Umwelt in Beziehung stehen, stellen für TREUTELING die kleinste Einheit eines solchen Systems dar /TREUTELING 90, S. 4/.

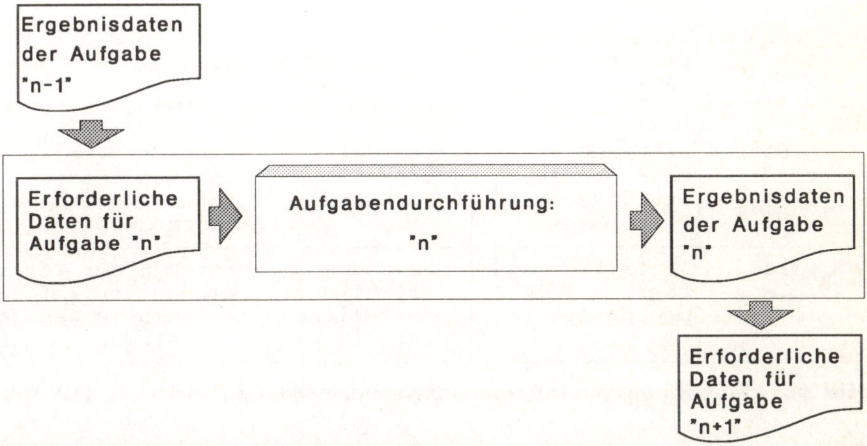

Bild 2.4: Elemente eines Informationssystems

Die Bedeutung zur Entwicklung von Informationssystemen ergibt sich aus folgender Problematik. Die effektive Informationsgewinnung setzt voraus, daß in den Abteilungen bzw. Unternehmensbereichen auf die bereits vorhandenen Informationen zurückgegriffen werden kann. ROSE stellt dagegen fest, daß nicht auf bereits vorhandene Informationen zurückgegriffen wird, stattdessen aber immer neue Datenbestände angelegt werden /ROSE 90, S. 5/. Auf vorhandene Informationen zurückzugreifen bedeutet, daß es logistische Funktionen für Informationen geben muß. Diesen Gedanken verfolgt auch AUGUSTIN, er sieht die Informationsversorgung im Sinne eines Informationsflusses als logistisches Problem, das nur durch eine informationslogistische Verarbeitung gelöst werden kann, bei der die benötigten Informationen in der erforderlichen Qualität und Menge zum richtigen Zeitpunkt am richtigen Ort zur Verfügung stehen /AUGUSTIN 90, S. 31/.

Die Verarbeitung von Daten und somit auch die Informationssysteme waren in den vergangenen Jahren durch die Entwicklungen in der elektronischen Datenverarbeitung (EDV) einer Reihe von Änderungen unterworfen. Die Entwicklung der Informationssysteme läßt sich in vier Zeiträume unterteilen (vgl. **Bild 2.5**).

Zeitalter	Informations-system	Funktion	Status
accounting era	rechnungswesen-orientiertes Informations-system	automatisierte (Hintergrund-) Informations-verarbeitung	nicht mehr Stand der Verarbeitung von Informationen in Unternehmen
operational era	ablauforien-tiertes Infor-mationssystem	fachabtei-lungsbezogene Informations-verarbeitung	Stand der Verar-beitung von In-formationen in den meisten Unternehmen
information era	unternehmens-weites Infor-mationssystem	integrierte Informations-verarbeitung	Stand der Verarbei-tung von Informa-tionen in wenigen Unternehmen
wired society	logistikorien-tiertes Infor-mationssystem	unternehmens-übergreifende Informations-verarbeitung	Prototyp der Verar-beitung von Infor-mationen in wenigen Unternehmen

Bild 2.5: Einordnung von Informationssystemen /vgl. GRIESE 90, S. 112/

Spätestens seit der "information era" bewirken die Informationssysteme und die Informationsflüsse, auch durch die im Wandel befindlichen Informations- und Kommunikationstechniken, in allen Unternehmensbereichen Veränderungen der Arbeitsstrukturen. Erreicht wird diese Veränderung durch eine ganzheitliche

Unternehmensbetrachtung zur Schaffung flexibler und informationsgerechter Organisationsstrukturen, wodurch sich organisatorisch gewachsene Strukturen im Unternehmen auflösen und die traditionelle Arbeitsteilung überwunden wird /EVERSHEIM 89a, S. 52/.

Informationssysteme in Unternehmen befinden sich aber zur Zeit noch überwiegend in der "operational era" und stellen somit vielfach abteilungsbezogene Insellösungen dar. Erst durch die Integration bestehender und neuer Systeme, durch die der Übergang in die "information era" vollzogen wird, ist auch die Wirtschaftlichkeit von Informationssystemen zu erreichen /BARFKNECHT 89, S. 64 ff./. Informationssysteme, die die Integrationsforderung grundsätzlich erfüllen können, sollen im weiteren einer näheren Betrachtung unterzogen werden.

2.2.1 CIM

Der gezielte und unternehmensweite Einsatz von Informationstechnologien zur Erschließung neuer Nutzungspotentiale führte Mitte der achtziger Jahre zu CIM (Computer Intergrated Manufacturing), in dem "viele Firmen die Lösung aller unternehmensinterner Probleme sahen" /NICKEL 90, S. 269/. Trotz hoher Anstrengungen, die entwickelten CA-Komponenten, wie CAD, CAP oder CAQ, miteinander EDV-mäßig zu verknüpfen und somit CIM zu erzeugen (vgl. **Bild 2.6**), hat dieser Ansatz nicht zum erwarteten Erfolg geführt, da erkannt wurde, daß sich sowohl Schnittstellenprobleme als auch unternehmensorganisatorische Probleme nicht so einfach lösen ließen /vgl. VDI 90a, S. 12/.

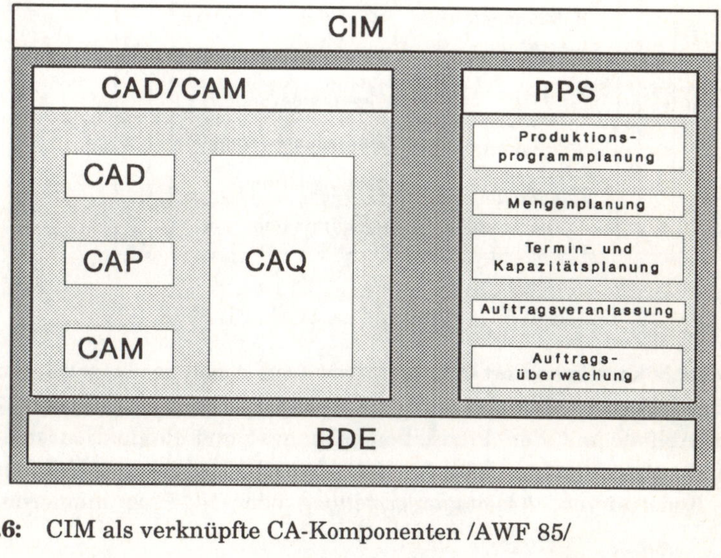

Bild 2.6: CIM als verknüpfte CA-Komponenten /AWF 85/

CIM ist eher als eine Leitidee bzw. als eine Strategie zu verstehen, die unter Berücksichtigung der Unternehmensziele erarbeitet werden muß, und nicht als das vordergründige Lösen informationstechnischer Probleme durch Realisierung neuerer Technik mit alten Konzepten /z.B. BULLINGER 90, S. 48/.

Eine besondere Modellvorstellung für CIM entwickelt SCHEER, der mit dem CIM-Begriff eine "integrierte Informationsverarbeitung für betriebswirtschaftliche und technische Aufgaben eines Industriebetriebes" verbindet /SCHEER 87a, S. 3/ und seine Vorstellung von CIM mit Hilfe eines Y-Modells graphisch darstellt (vgl. **Bild 2.7**).

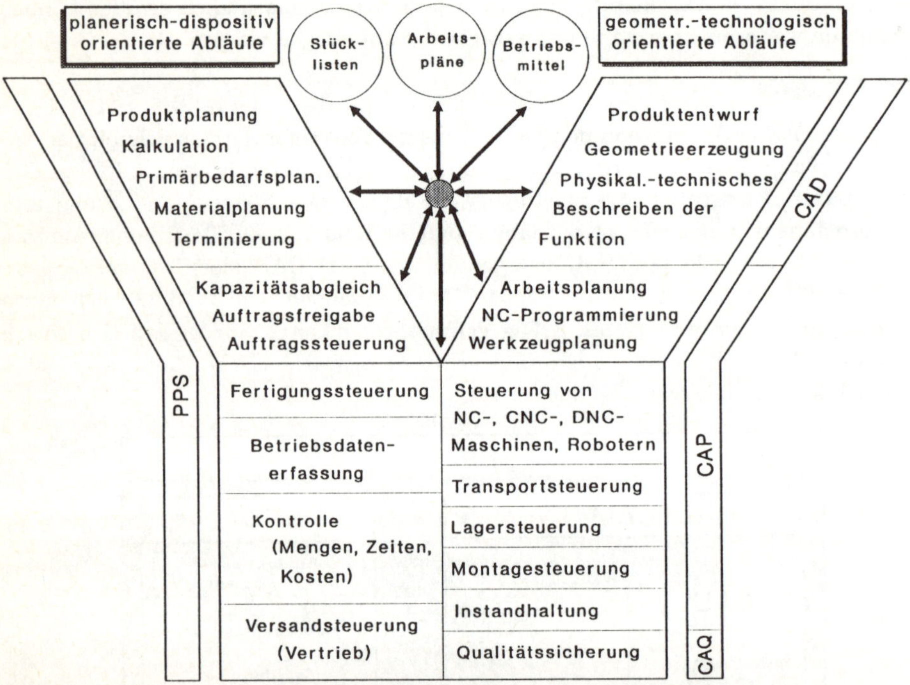

Bild 2.7: CIM als Y-Modell /in Anlehnung an SCHEER 87, S. 3/

Dieses Y-Modell korrespondiert mit den zwei traditionell meist selbständig entwickelten betrieblichen Abläufen; auf dem linken Pfad die betriebswirtschaftlich orientierten Abläufe mit den Produktionsplanungs- und Produktionssteuerungsaufgaben und auf dem rechten Pfad die technologisch orientierten Abläufe mit Aufgaben wie Konstruieren, Arbeitsplanerstellung oder NC-Programmierung. Auffallend bei dem Modell ist die anfängliche Lücke zwischen beiden Pfaden, deren Koordination bisher überwiegend manuell und ohne Rechnerunterstützung läuft.

Mittlerweile hat man erkannt, daß das "I" - stellvertretend für Integration in dem Begriff CIM - eine besondere Bedeutung hat. KOPIPOULUS sieht die Informationsverarbeitung der 90er Jahre geprägt durch die Forderung nach Integration, da schon heute durch zahlreiche, auf den jeweiligen Einsatzzweck abgestimmte Hard- und Software und der damit in der Regel verbundenen Inkompatibilität Kosten entstehen, die bis zur Hälfte des EDV-Budgets eines Unternehmens betragen können /KOPIPOULUS 91, S. 66/. Zur Entwicklung eines gesamtunternehmerischen Konzepts führt die Betrachtung der Integration, wenn man sich nicht an bestehenden, funktionsbezogenen Abläufen orientiert, sondern komplett ineinandergreifende Geschäftsprozesse, beispielsweise die Auftragsabwicklung, berücksichtigt /NICKEL 90, S. 265/.

Differenzierter sehen SCHEER und KELLER das "I" in CIM, indem sie den Begriff "Integration" in die Datenintegration [Anmerkung: nicht nur innerhalb eines Bereichs, sondern auch Bereiche untereinander greifen auf dieselben Daten zu] und in die Vorgangsintegration [Anmerkung: durch Reintegration von Teilfunktionen innerhalb der Vorgangskette wird überzogene Arbeitsteilung rückgängig gemacht] unterteilen. Diese beiden Integrationsgedanken beinhalten ein hohes Rationalisierungspotential /SCHEER 87, S. 4 ff.; KELLER 90, S. 229/.

Die Datenintegration sieht EUSEMANN /90, S. 10/ sogar als einen wesentlichen Kern der ganzen Unternehmensstrategie an, wobei die Daten an einem Ort konzentriert sein sollen. Ob die Daten zentral oder dezentral abgelegt werden, ist von geringer Bedeutung, wenn gesichert ist, daß einmal erzeugte Informationen in Form von Daten möglichst redundanzfrei und durchgängig verarbeitet und gespeichert werden und den Abteilungen des Unternehmens der Zugriff ermöglicht wird. Ein gravierendes Problem für eine durchgehende, integrierte Datenverarbeitung bleibt neben der Schaffung entsprechender Datenbasen der Aufbau einer standardisierten Datenkommunikation, wodurch ein durchgängiger, einheitlicher Informations- und Kommunikationsfluß über den gesamten betrieblichen Ablauf gewährleistet ist /vgl. EVERSHEIM 89b, S. 37/; KELLER 90, S. 228; NICKEL 90; S. 265/.

Die Vorgangsintegration basiert auf der informationstechnischen Verknüpfung der wichtigsten Funktionen eines Produktionsbetriebes, wie Entwickeln, Planen oder Fertigen. BULLINGER sieht in der Vorgangsintegration den eigentlichen Kerngedanken von CIM und spricht in diesem Zusammenhang von der "(Re-)Integration von Prozessen der betrieblichen Leistungserstellung, also von betriebs- und arbeitsorganisatorischen Fragen entlang der Wertschöpfungskette", wobei sich

Mängel in der betrieblichen Organisation nicht durch EDV oder CIM beheben lassen /BULLINGER 90, S. 48/. Erst durch die Erarbeitung neuer Organisationsformen, insbesondere durch Abkehr von arbeitsteilig gegliederten Ablaufprozessen und Übergang zu integrierten, ganzheitlichen Abläufen, wird mit Hilfe dieses (CIM-)Konzepts mehr Effizienz erreicht. Dabei wird die informationstechnische Kopplung der Funktionen auch als eine geeignete Struktur angesehen, um z.B. den Aufwand zur Überwindung von Schnittstellenproblemen zu reduzieren /vgl. SCHEER 87, S. V/. Die traditionell arbeitsteiligen Organisationsstrukturen erweisen sich sogar zunehmend als kontraproduktiv /KELLER 90, S. 229/.

Die Datenintegration und die Vorgangsintegration beinhalten zwar ein großes Rationalisierungspotential, schaffen aber allein noch keine neue erfolgversprechende Betriebsorganisation, wenn nicht der Mensch bei der Integration Berücksichtigung findet /EUSEMANN 90, S. 10; MILBERG 91, S. 320/. Wie groß der Einfluß des Menschen ist, verdeutlicht **Bild 2.8**, in dem anhand von neuen Untersuchungen festgestellt wird, daß die Einflußgrößen Personal, Organisation und Unternehmenskultur - die zusammen mehr als 60 Prozent der Bedeutung der Einflußgrößen darstellen und die direkt vom Menschen im Unternehmen beeinflußt werden - bei der Realisierung von CIM die ausschlaggebende Rolle spielen /KAMOREK 90, S. 28/.

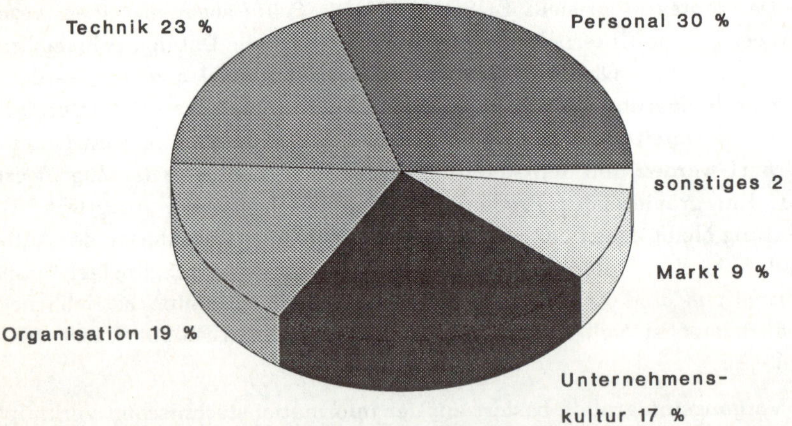

Bild 2.8: Bedeutung verschiedener Einflußgrößen auf die Realisierung von CIM /KAMOREK 90, S. 28/

Den Einführungsaufwand von CIM sieht DANGELMAIER nicht proportional zur Unternehmensgröße, so daß auch für kleine und mittlere Unternehmen entsprechende Aufwendungen wie für große Unternehmen bei der Realisierung zu verzeichnen sind. Dies ist ein Grund, warum sich bis heute überwiegend Großunternehmen ein derartiges Organisationsprojekt leisten. Dadurch können diese Unternehmen theoretisch sowohl hinsichtlich der Erfüllung des Termin- und des individuellen Produktwunsches seitens der Kunden, als auch hinsichtlich der Nutzung des eingesetzten Kapitals flexibler werden als die mittelständische Industrie. Dies könnte letztendlich dazu führen, daß der wesentliche Wettbewerbsvorteil der mittelständischen Industrie entfiele /DANGELMAIER 90, S. 13/.

Zur Wahrung ihrer spezifischen Wettbewerbsvorteile muß die mittelständische Industrie - trotz der zu erwartenden Aufwendungen - der CIM-Philosophie aufgeschlossen bleiben und für ihre speziellen Anwendungsfälle, wie zum Teil schon geschehen /vgl. GANZ 87, KELLER 87/, sinnvolle Lösungen schaffen, um sich auch in Zukunft auf dem Markt behaupten zu können.

2.2.2 EDI

Mit EDI (Electronic Data Interchange) wird der Zeitraum der "wired society" (vgl. **Bild 2.5**) erreicht, da nach GRIESE zukünftig das bisher bekannte physische Unternehmen, d.h. alle Unternehmensfunktionen sind unter einem Dach vereint, durch ein logisches Unternehmen, wobei sich einzelne Unternehmensfunktionen an unterschiedlichen Standorten mit den jeweiligen Standortvorteilen befinden werden, ersetzt wird. Diese einzelnen Unternehmensfunktionen werden dann u.a. über Informationssysteme wie EDI koordiniert /GRIESE 90, S. 113/. Insbesondere unter dem Aspekt "Europa 1992" sieht FEIG in EDI einen Schlüssel, dessen Realisierung weitere, insbesondere auch internationale Wettbewerbsvorteile sichern kann /FEIG 90, S. 111/.

Hauptaufgabe von EDI ist der überbetriebliche elektronische Datenaustausch mit unterschiedlichen Computersystemen, ohne daß beim Empfänger die Daten manuell zur Weiterverarbeitung aufbereitet werden müssen. Die Bedeutung der Hauptaufgabe von EDI wird insbesondere vor dem Hintergrund, daß 70 Prozent der EDV-Ausdrucke wieder erfaßt und per Datenverarbeitung weiter verarbeitet werden, deutlich /JUSTENHOFEN 90, S. 114/. Die Vereinheitlichung des Datenaustausches soll mit dem EDIFACT-Standard erreicht werden, der zur Zeit aber noch nicht in einer für alle verbindlichen Norm beschrieben ist /vgl. FEIG 90, S. 111; JUSTENHOFEN 90, S. 114; RÖSCH 91, S. 26/.

Grundsätzlich aber wird auch hier die große Bedeutung der Verknüpfung informationstechnischer Abläufe deutlich, da EDI im Gegensatz zur reinen Datenübertragung auch Auswirkungen auf die Organisation eines Unternehmens haben muß, damit alle Informationen für eine Entscheidung direkt am Rechner abrufbar sind und somit zukünftig Kostenreduktionen bei Informationsbeschaffung, -speicherung und -transport erwartet werden können /JUSTENHOFEN 90, S. 115/.

2.2.3 MIS

Konzepte für Management-Informationssysteme (MIS) wurden schon in den 60er Jahren entwickelt, damals aber nicht bis zur Einsatzreife gebracht. Ein Grund dafür sieht SCHEER in den zu dieser Zeit noch nicht ausgereiften Datenbanksystemen, den wenig benutzerfreundlichen Anfragesprachen und den zu leistungsschwachen Rechnern /SCHEER 87b, S. V/. Mittlerweile sind entsprechende EDV-Systeme entwickelt, so daß die MIS-Diskussion wieder aufgegriffen wurde.

Seit der Verwendung von EDV-Systemen werden die Daten, die aus allen Abteilungen zusammenkommen, vermehrt auf elektronischen Datenträgern gespeichert. Diese Daten werden für eine Entscheidungsfindung - meist konventionell - durch Verdichtung aufbereitet /BIALLO 90, S. 74/. Genau an dieser Stelle sollen MIS-Konzepte greifen, die "entscheidungsrelevante Daten rechnerunterstützt für jede Managerebene an der richtigen Stelle, zur richtigen Zeit, in der richtigen Menge, Zusammensetzung und Form bereitstellen" /WULFEN 90, S. 43/, so daß Fehlentscheidungen durch Informationsdefizite vermieden werden können. Ein besonderer Vorteil von MIS für das Management ist dabei die Möglichkeit, bei Abweichungsanalysen direkt und aktiv auf Hintergrunddaten zurückgreifen zu können, die von Mitarbeitern auf unteren Ebenen eingegeben wurden. So können Ursachen für Schwachstellen präzise erforscht werden /vgl. BIALLO 90, S. 78/.

Im deutschsprachigen Raum werden in jüngster Zeit auch die Begriffe EIS (executive information system) und CIS (Chef-Informationssystem) verwendet, wobei EIS und CIS inhaltlich gleichzusetzen sind. Während MIS den ganzheitlichen und unternehmensumfassenden Ansatz verfolgt, stellt EIS bzw. CIS ein dediziertes Informationssystem dar. Das heißt, daß das Topmanagement bei seiner Aufgabendurchführung rechnerunterstützt mit Daten versorgt wird, die von der mittleren Managementebene erarbeitet werden /vgl. SCHMIDTHÄUSLER 90, S. 118/.

Grundsätzlich läßt sich aber für diese Infomationssysteme (MIS, EIS, CIS) feststellen, daß zuerst der Informationsbedarf ermittelt werden muß. Dieser hängt von der Aufgabenstellung und letztendlich den Unternehmenszielen sowie von Wirtschaftlichkeitsaspekten wie Zeitgewinn (durch schnellere Informationsbereitstellung) und Informationsgrad (Informationsmenge in der Entscheidungsvorbereitung) ab /vgl. BIALLO 90, S. 74; SCHMIDTHÄUSER 90, S. 118/.

Die Einführung solcher Informationssysteme ist durchaus schritt- bzw. bereichsweise denkbar, wenn dies auf der Grundlage eines unternehmensweiten Gesamtkonzeptes erfolgt, so daß keine Insellösungen geschaffen werden. Problematisch ist dabei, daß in der Regel eine Neuordnung der Informationsflüssse nötig wird, die vielfach Machtfragen aufwirft und auch zu gravierenden Umverteilungen - beispielsweise von Kompetenzen - führen kann /BIALLO 90, S. 78/.

2.3 Allgemeine Anforderungen an Informationssysteme

Die betrachteten Konzepte für Informationssysteme haben zum Ziel, die erforderlichen Informationen angepaßt an die jeweilige Organisationseinheit eines Unternehmens bereitzustellen /vgl. SHAH 87, S. 35/. Somit wird deutlich, daß jedes Konzept für Informationssysteme unternehmensspezifisch aufgestellt werden muß, wobei gleichzeitig mit der Aufstellung und der Einführung solcher Konzepte bestehende Organisationsstrukturen zu überdenken sind; KELLER spricht in diesem Zusammenhang vom "Nutzen der organisatorischen Entwicklungsmöglichkeiten zur Erschließung des informationstechnischen Potentials" /KELLER 90, S. 229/.

HAIMERL entwickelte für Informationssysteme folgende allgemeine Anforderungen, ohne dabei eine Gewichtung vorzunehmen /HAIMERL 90, S. 45/:

- Wirtschaftlichkeit;
  der Ertrag muß mindestens dem Aufwand für ein Informationssystem entsprechen.

- Klarheit und Überschaubarkeit;
  das Informationssystem muß auch für Benutzer ohne tiefgreifende EDV-Kenntnisse verständlich bleiben.

- Angemessenheit;
  der Umfang von Datenerhebungen ist auf erforderliche Daten zu begrenzen, und die Darstellung der Ergebnisse muß auch für Nichtexperten schlüssig sein.

- Flexibilität;
  das Informationssystem muß zur Anpassung an wachsende Anforderungen leicht änderbar sein.

- Integriertheit;
  das Informationssystem muß möglichst an bereits vorhandenen Daten anknüpfen, besonders bei firmeninternen Daten.

Neben diesen für jede Art von Informationssystemen geltenden Anforderungen gibt es noch spezielle, auf die jeweilige Art des Informationssystems abgestimmte Anforderungen.

Die Verknüpfung der Informationssysteme einzelner Unternehmensfunktionen und somit die Abkehr von den zur Zeit noch bestehenden arbeitsplatz- oder abteilungsbezogenen Insellösungen ist ein Kerngedanke von CIM. Eine spezielle Anforderung an ein CIM-orientiertes Informationssystem ist die Entwicklung eines rechnerunterstützten Informationssystems mit einem - am Auftragsdurchlauf orientierten - "horizontalem" Informationsfluß (vgl. **Bild 2.9**), unter Berücksichtigung der auftragsabwicklungsbezogenen Funktionsintegration und der Datenintegration.

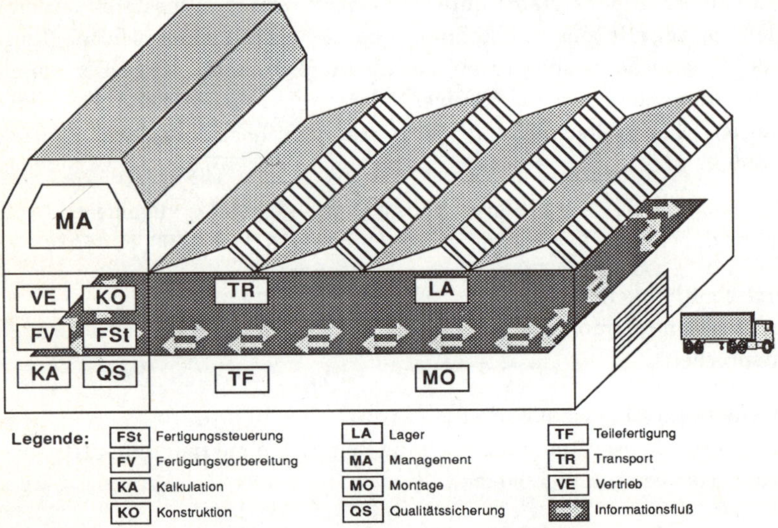

Bild 2.9: Informationssystem basierend auf dem CIM-Gedanken

Der Kerngedanke von EDI ist dem von CIM sehr ähnlich. Das "logische Unternehmen" (vgl. Kapitel 2.2.2) benötigt auch einen - am Auftragsdurchlauf orientierten - "horizontalen" Informationsfluß. Dabei ist die Besonderheit in der räumlichen Trennung verschiedener Unternehmensfunktionen mit einer überbetrieblichen Auftragsabwicklung für die Herstellung des Produkts zu sehen, die eine Verknüpfung der Informationsflüsse untereinander erfordert (vgl. **Bild 2.10**).

Rechnerunterstützte Informationssysteme für das Management (MIS) oder auch für das Top-Management (CIS, EIS) dienen nicht der Auftragsverfolgung, sondern dazu, einmal erfaßte Daten, die aus unteren Ebenen stammen (beispielsweise

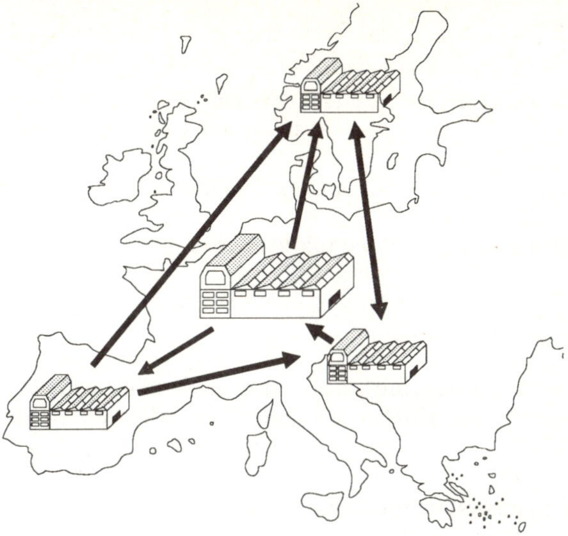

Bild 2.10: Informationssystem basierend auf dem EDI-Gedanken

Daten der Auftragsabwicklung), durch eine entsprechende Verdichtung und Auswertung ("vertikaler" Informationsfluß) in eine Form zu überführen, die in den Managementebenen für Entscheidungen benötigt wird (vgl. **Bild 2.11**).

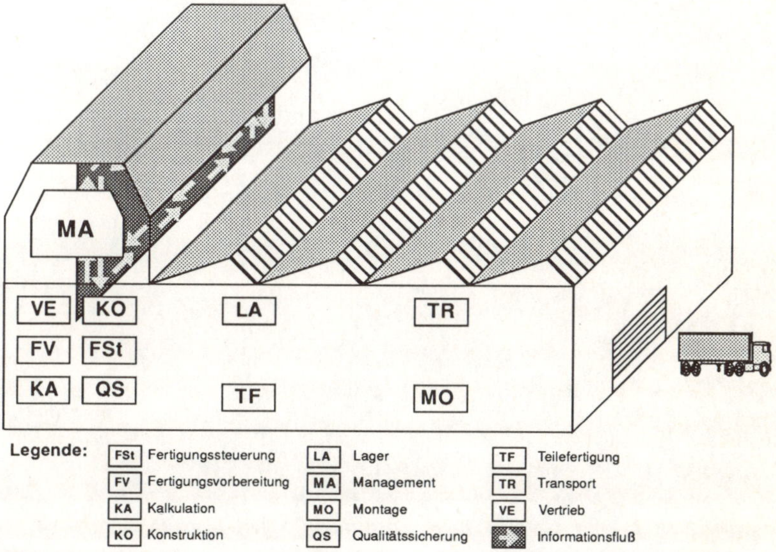

Bild 2.11: Informationssystem basierend auf dem MIS- und CIS-Gedanken

Werden nun die Kerngedanken von CIM, EDI, MIS sowie CIS oder EIS betrachtet, so ist festzustellen, daß sich die Kerngedanken - im Sinne eines "umfassenden", gegebenenfalls aus mehreren Teilen bestehenden Informationssystems - zu folgenden verdichteten Anforderungen zusammenfassen lassen:

- das Informationssystem muß unternehmensspezifisch entwickelt werden;
- das Informationssystem muß umfassend sein;
- das Informationssystem soll nicht unkritisch über bestehende Organisationsstrukturen gestülpt werden;
- das Informationssystem muß direkten Zugriff auf aktuelle Daten erlauben, die nur einmal und möglichst schon am Entstehungsort rechnerunterstützt erfaßt werden;
- das Informationssystem muß eine einfache Auswertung von Daten nach vorgegebenen Kriterien des Benutzers ermöglichen;
- das Informationssystem soll den auftragsbezogenen (horizontalen) wie auch den management- oder entscheidungsbezogenen (vertikalen) Informationsfluß berücksichtigen.

3 Bedeutung der Information Zeit

Zeit ist keine Ware, und es gibt keine Zeit-Batterien, mit denen man Zeit wie Energie speichern könnte; Zeit fließt unwiederbringlich /FISCHER 90, S. 66/. Diese Aussage verdeutlicht die Wichtigkeit der Zeit. Speziell in Unternehmen wird die Information "Zeit" und ihre Bedeutung als Produktionsfaktor, Führungs- und Kontrollgröße wieder (neu) entdeckt /vgl. HEINZ 89a; SUZAKI 89, S. 139/ sowie als Hauptwettbewerbsfaktor herausgestellt /vgl. SPUR 91, S. 105; WARNECKE 91, S. 665/. Der Begriff "Zeit" ist in diesem Zusammenhang gleichbedeutend mit dem Begriff "Zeitdauer", d.h. eine Zeitspanne zwischen zwei definierten Zeitpunkten. Die Information "Zeit" - und somit auch das "Zeitdatum" als dargestellte Information - darf nicht losgelöst, sondern nur eingebettet in der betrieblichen Verwendung und den sich daraus ergebenden Anforderungen betrachtet werden.

3.1 Betriebliche Verwendung der Zeitdaten

Zeitdaten werden für verschiedene betriebliche Verwendungen benötigt, die sich z.B. folgenden Aufgabenbereichen zuordnen lassen /vgl. BUSCH 90, S. 3 ff./:

- Produktentwicklung,
- Kostenrechnung,
- Planung und Steuerung,
- Betriebsführung.

Im Bereich der Produktentwicklung werden Zeitdaten für die Erzeugnisgestaltung und die Wertanalyse benötigt. Die Kostenrechnung verwendet Zeitdaten, um mit diesen und der Hilfe von Kostensätzen Herstellungs- oder auch Selbstkosten, Wirtschaftlichkeitsvergleiche sowie Investitionsrechnungen und Nachkalkulationen durchzuführen. In Planung und Steuerung werden Zeitdaten vor allem benötigt, um Aufträge zu terminieren, den Personaleinsatz und die Maschinenkapazitäten zu planen sowie die zeitliche Nutzung von Anlagen zu ermitteln. Die Betriebsführung benutzt Zeitdaten, um z.B. eine leistungsbezogene Entlohnung, verbunden mit einer entsprechenden Motivation des Personals, als Führungsinstrument anwenden zu können oder um Hinweise auf Rationalisierungspotentiale zu erhalten.

Im Unternehmen benötigt man Zeitdaten für Planungsaufgaben, aber auch zur Vorgabe oder zum Nachvollziehen z.B. der Zeitdauer einer Arbeitsaufgabe oder eines Auftrags, so daß je nach Verwendungszweck verschiedene Typen und Arten von Zeitdaten benötigt werden (vgl. **Bild 3.1**).

Typen von Zeitdaten	Arten von Zeitdaten
* Ist-Zeit * Soll-Zeit ohne Einflußgröße * Soll-Zeit mit Einflußgrößen * Normalzeit	* Durchlaufzeit - Übergangszeit – Vorgabezeit [Auftragszeit, Belegungszeit]

Bild 3.1: Typen und Arten von Zeitdaten

Die Typen von Zeitdaten werden in Anlehnung an REFA /MLA 78/ folgendermaßen beschrieben:

Ist-Zeiten sind tatsächlich vom Mensch oder Betriebsmittel gebrauchte Zeiten für die Ausführung bestimmter Ablaufabschnitte. Die Ist-Zeiten geben somit ein zeitliches Spiegelbild durchgeführter Abläufe wieder. Ist-Zeiten sollten aber nicht ohne Überprüfung oder Auswertung im Sinne einer Zeitvorgabe für eine Arbeitsaufgabe verwendet werden.

Soll-Zeiten ohne Einflußgrößen, d.h. Soll-Zeiten ohne die Berücksichtigung zeitbeeinflussender Größen, sind Zeiten, die durch Auswertung zuvor erfaßter Ist-Zeiten abgeleitet werden. Erfolgt die Auswertung erfaßter Ist-Zeiten von manuell beeinflußbaren Ausführungen unter Verwendung der REFA-Normalleistung, so werden diese speziellen Soll-Zeiten **Normalzeiten** genannt. Die Soll-Zeiten und die Normalzeiten können in der Regel nur zur Zeitermittlung für einen speziellen Ablaufabschnitt unter den beschriebenen Randbedingungen verwendet werden, der auch bei der Durchführung der Zeitermittlung betrachtet wurde.

Soll-Zeiten mit Einflußgrößen (EFG), d.h. Soll-Zeiten in Abhängigkeit zeitbeeinflussender Einflußgrößen, sind Soll-Zeiten (oder Normalzeiten nach REFA) für Ablaufabschnitte, bei denen die Abhängigkeit zu den Einflußgrößen dargestellt wird. Durch die Abhängigkeit der Soll-Zeiten von Einflußgrößen können Zeiten nicht nur für real existierende Ablaufabschnitte, sondern auch für zukünftige, erst geplante Ablaufabschnitte bestimmt werden. In der Literatur wird dieser Zeitdatentyp vielfach auch **Planzeit** genannt. Es ist zweckmäßig und aus Wirtschaftlichkeitsgründen auch erforderlich, Zeitdaten in dieser Form aufzubereiten, um mit Hilfe einer begrenzten Anzahl ermittelter Zeitdaten, die zu Soll-Zeiten mit EFG aufbereitet wurden, für ein "breites Spektrum" ähnlicher Ablaufabschnitte Zeiten ermitteln zu können.

Neben der Differenzierung der Zeitdaten in unterschiedliche Typen werden die Zeitdaten auch - je nach Verwendungszweck - in verschiedene Arten unterteilt, wobei Durchlaufzeit und tiefer gegliedert Vorgabezeit für den Menschen (Auftragszeit) oder Vorgabezeit für das Betriebsmittel (Belegungszeit) sowie Übergangszeit unterschieden wird (vgl. **Bild 3.1**).

Die **Durchlaufzeit (DLZ)** ist die Ist- oder Soll-Zeit zur Erfüllung einer Aufgabe in einem oder mehreren Arbeitssystemen /MLPS 85, Teil 2, S. 21/. Die Betrachtung der Durchlaufzeit spielt z.B. eine wesentliche Rolle, wenn Aufgaben wie die Terminierung von Aufträgen, das Festlegen eines Fertigungsbeginns oder die Bestimmung des Lieferzeitpunktes gelöst werden. Für diese Aufgaben bedarf es nicht nur der Betrachtung einzelner Soll-Zeiten in einem Unternehmensbereich, sondern es müssen in diesen Fällen alle Zeitdaten der an der Auftragsabwicklung beteiligten Bereiche einbezogen werden. Durchlaufzeiten können nicht nur makroskopisch (Auftrags-DLZ), sondern - abhängig vom Anwendungsfall - auch mikroskopisch (Arbeitsvorgangs-DLZ) betrachtet werden /vgl. BOBENHAUSEN 88, S. 7/, wobei sich eine Durchlaufzeit grundsätzlich aus den Bestandteilen Auftragszeit oder Belegungszeit und Übergangszeit zusammensetzt (vgl. **Bild 3.2**).

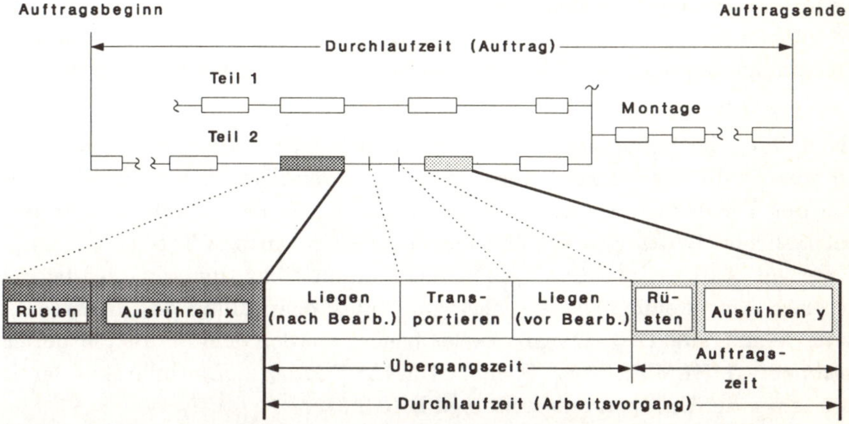

Bild 3.2: Teile der Durchlaufzeit /vgl. WIENDAHL 89; S. 243/

Die Übergangszeit, während der die Durchführung der eigentlichen Arbeitsaufgabe unterbrochen ist, läßt sich grundsätzlich in die beiden Bestandteile Liegezeit und Transportzeit zerlegen. Die Transportzeit ist - im Sinne der Differenzierung nach Zeitdatenarten - entweder eine Auftragszeit oder eine Belegungszeit. Die Liegezeit stellt dagegen einen Zeitraum dar, in dem nur auf die nächste Aufgabe (Ausführung oder Transport) gewartet wird.

Vorgabezeiten sind "Soll-Zeiten für von Mensch oder Betriebsmittel ausgeführte Arbeitsabläufe. Vorgabezeiten für den Menschen enthalten Grundzeiten, Erholungszeiten und Verteilzeiten; Vorgabezeiten für das Betriebsmittel enthalten Grundzeiten und Verteilzeiten" /MLA 78, S. 41/. Vorgabezeiten setzen sich grundsätzlich aus einer Rüstzeit und einer Ausführungszeit zusammen. Bei der Auftragszeit, d.h. der Vorgabezeit für den Menschen, werden die Rüstzeit und die Ausführungszeit jeweils in Grundzeit, die sich bei der Verwendung zur Akkordentlohnung auf die REFA-Bezugsleistung (Normalleistung) bezieht, in Verteilzeit und in Erholungszeit unterteilt. Bei der Belegungszeit, d.h. der Vorgabezeit für ein Betriebsmittel, werden dagegen die Rüstzeit und die Ausführungszeit jeweils in Grundzeit und Verteilzeit unterteilt. Vorgabezeiten werden z.B. für die zeitliche Beschreibung der Durchführung von Aufgaben in Arbeitsplänen benötigt, die wiederum Basisinformationen für die unterschiedlichen betrieblichen Verwendungszwecken - wie Planung, Steuerung oder Entlohnung - darstellen.

3.2 Anforderungen an Zeitdaten

Zeitdaten werden zur zeitlichen Bewertung von Tätigkeiten ermittelt, wobei sich Anforderungen an die Zeitdaten einerseits aufgrund des Unternehmensbereichs und der damit verbundenen Art der Arbeit, anderseits aber auch aufgrund der Verwendung ergeben.

Eine Einteilung der Betriebsbereiche kann grundsätzlich in einen direkten Bereich und in einen indirekten Bereich vorgenommen werden. Der direkte Bereich setzt sich i.a. aus Teilefertigung und Montage zusammen, in dem unmittelbar (direkt) der betrieblichen Leistungserstellung dienende Aufgaben und Tätigkeiten ausgeführt werden. Tätigkeiten, die dagegen nicht unmittelbar (indirekt) der betrieblichen Leistungserstellung dienen, aber zur Aufgabenerfüllung des direkten Bereichs notwendig sind (z.B. Transport oder Lager), werden dem indirekten Bereich zugerechnet /vgl. HEMMERS 81, S. 433; OBENAUF 86, S. 2/. Der indirekte Bereich wird weiter in vier Gruppen unterteilt (vgl. **Bild 3.3**).

Durch die unterschiedlichen Aufgaben und Tätigkeiten der betrachteten Bereiche ist für die Festlegung der Anforderungen an Zeitdaten eine Beschreibung der auszuführenden Arbeiten nötig. LAURIG hat eine Einteilung in "Art der Arbeit" für den Menschen vorgenommen und unterscheidet, ausgehend von energetischen und informatorischen Arbeitstypen, fünf Arbeitsarten /LAURIG 90, S. 25/, die um eine Arbeitsart für betriebsmittelbezogene Ausführungen ergänzt wird:

- muskuläre Arbeit: Erzeugen und Abgeben von Kräften, womit Arbeit im physikalischen Sinne bei gleichzeitiger Ausführung von Bewegungen gemeint ist.

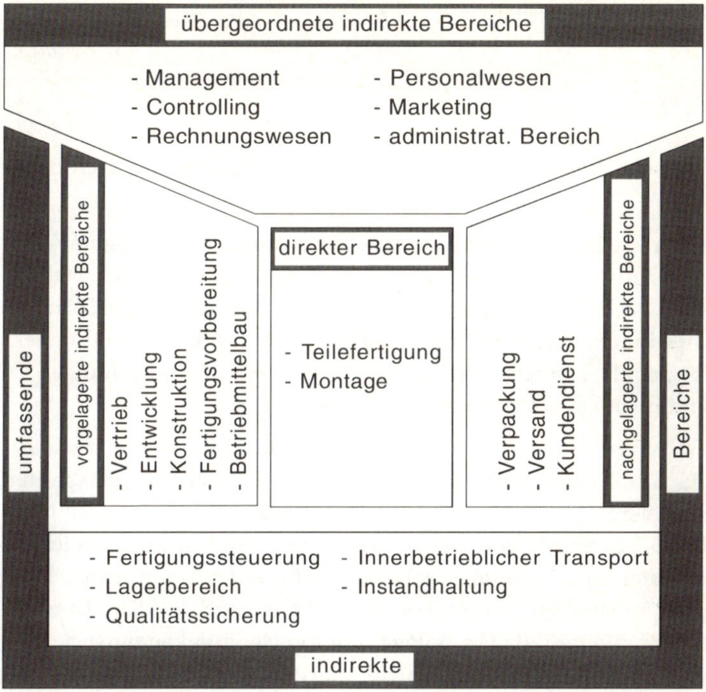

Bild 3.3: Zuordnung der Betriebsbereiche /HEINZ 89, S. 7/

- (senso)motorische Arbeit: Ausführen von Bewegungen ohne große Kräfte mit bestimmter Genauigkeit, wobei die Kräfte für das Arbeitsergebnis nicht ausschlaggebend sind.
- reaktive Arbeit: Reagieren auf aufzunehmende Informationen, um ggf. eine Handlung auszulösen.
- kombinative Arbeit: Kombinieren von Informationen, d.h. Informationen aufnehmen und mit Gedächtnisinhalten verknüpfen.

- schöpferische (kreative) Arbeit: Erzeugen und Abgeben von Informationen, wobei Gedächtnisinhalte mit neuen - z.B. intuitiv erzeugten - Informationen verbunden werden.

- technologische Arbeit: Ausführen von Prozessen durch Betriebsmittel.

Anforderungen an die Zeitdaten ergeben sich durch die einzelnen Anwendungsgebiete, wobei die Genauigkeit ein Hauptkriterium darstellt. OBENAUF und STICH haben sich in Fragebogenaktionen mit den Genauigkeitsansprüchen an Zeitdaten auseinandergesetzt /OBENAUF 85, STICH 88/ und sind dabei trotz zeitlich und regional unterschiedlich durchgeführten Untersuchungen zu großen Übereinstimmungen der Ergebnisse gekommen.

In beiden Untersuchungen wurde der Betriebsgröße keine Bedeutung zugesprochen, da die Genauigkeitsansprüche kleiner Betriebe an die Zeitdaten kaum von denen größerer Betriebe abweichen /vgl. OBENAUF 85, S. 14 ff.; STICH 88, S. 20 ff./. Weiterhin wurde von STICH festgestellt, daß in den Bereichen, die nicht zu Teilefertigung und Montage gehören, höhere Schwankungen bezüglich der Genauigkeiten zugelassen werden können /STICH 88, S. 20/. Die Ergebnisse dieser Untersuchungen dienten als Grundlage, um die Genauigkeitsansprüche an Zeitdaten für die einzelnen Anwendungsgebiete - dargestellt in **Bild 3.4** - festzulegen.

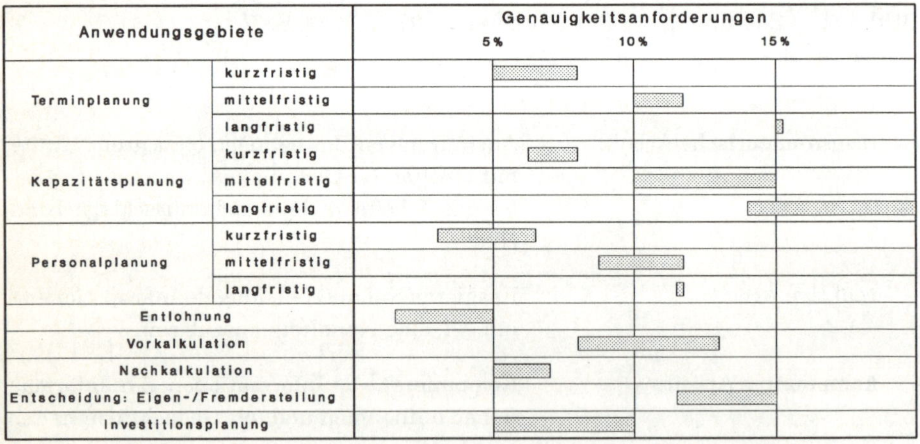

Bild 3.4: Betriebliche Genauigkeitsanforderungen an Zeitdaten /HEINZ 89b, S. 53/

4 Instrumentarium zur Auswahl von Zeitermittlungsmethoden

Die Methoden zur Ermittlung von Zeitdaten werden im Rahmen dieser Arbeit in Anlehnung an die Typen von Zeitdaten (vgl. Kapitel 3.1) in Methoden zur Ermittlung von Ist-Zeiten, in Methoden zur Ermittlung von Soll-Zeiten und in Methoden zur Ermittlung von Soll-Zeiten mittels Einflußgrößen (EFG) unterteilt (vgl. **Bild 4.1**).

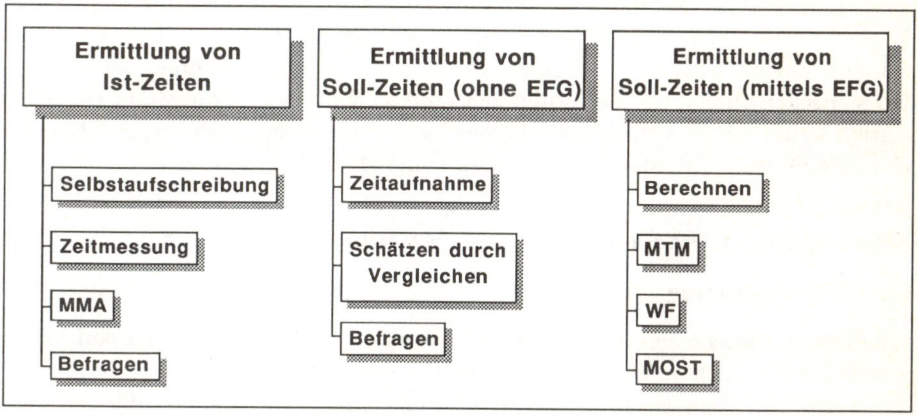

Bild 4.1: Methoden zur Ermittlung von Zeitdaten

Neben den in **Bild 4.1** vorgestellten Methoden existieren noch weitere Methoden, wie die Kennzahlenmethode auf Zeitbasis (KAZ) zur Personalbemessung /vgl. dazu FIR, in: SIMON 86, S. 89 ff./, Gemeinkosten-Wertanalyse (GWA) zur Leistungserfassung in indirekten Bereichen /vgl. dazu Arnold + Partner, in: SIMON 86, S. 108 ff./ und das Frequensor-System zur Personalbemessung in indirekten Bereichen /vgl. dazu Frequensor-System Gesellschaft, in: SIMON 86, S. 311 ff./. Diese Methoden werden im Rahmen dieser Arbeit nicht als Zeitermittlungsmethoden betrachtet, da man die zugrundeliegenden Zeitdaten nicht mit der KAZ-Methode, sondern mit der Zeitermittlungsmethode Selbstaufschreibung /vgl. HEMMERS 83, S. 47/, nicht mit der GWA-Methode, sondern mit Selbstaufschreibung oder Schätzen durch Vergleich /vgl. SIMON 86, S. 113/ und auch nicht mit dem Frequensor-System, sondern mit Selbstaufschreibung kombiniert mit Multimomentaufnahme /vgl. SIMON 86, S. 133/ ermittelt. Die Planzeitbildung ist eine Methode zur Verdichtung von - mit Hilfe der Zeitermittlungsmethoden ermittelten - Zeitdaten und wird somit erst im Kapitel 5 betrachtet.

4.1 Beschreibung der Zeitermittlungsmethoden

4.1.1 Selbstaufschreibung

Das Erfassen von Ist-Zeiten mittels Selbstaufschreibung ist einerseits durch den arbeitenden Menschen, andererseits durch selbsttätig registrierende Meßgeräte möglich. Voraussetzung für eine effektive Selbstaufschreibung durch Arbeitspersonen ist eine Tätigkeitsliste, die alle Abläufe des zu untersuchenden Bereichs beinhaltet. Eine Grenze der Selbstaufschreibung durch eine Arbeitsperson liegt im Erfassen von Mikro-Ablaufabschnitten; Makro-Ablaufabschnitte dagegen lassen sich in der Regel problemlos erfassen /vgl. MLA 78, S. 293/, weil dies vom arbeitenden Menschen ohne große Belastung neben der eigentlichen Tätigkeit durchgeführt werden kann. Ob es sich um muskuläre, sensomotorische, reaktive, kombinative oder schöpferische Arbeiten handelt, stellt keine Methodengrenze dar.

Selbstaufschreibung durch selbsttätig registrierende Meßgeräte ist eine Form dieser Methode, die im Kapitel 4.2.3 näher betrachtet wird.

4.1.2 Zeitmessung

Zeiten durch Messen zu ermitteln, ist sehr verbreitet und allgemein anerkannt. Bei einer Zeitmessung können Ist-Zeiten sowohl für manuell beeinflußbare Tätigkeiten als auch für betriebsmittelbezogene, unbeeinflußbare Zeiten durch einen Beobachter ermittelt werden /vgl. MLA 78, S. 96/.

Bei einer Zeitmessung werden die Ist-Zeiten unter Dokumentation der Rahmenbedingungen mit Hilfe eines nicht am Arbeitsprozeß beteiligten Menschen erfaßt (Fremdaufschreibung). Somit wird durch diese Methode bereits ein Teil der Daten einer REFA-Zeitaufnahme zur Verfügung gestellt /vgl. MLA 78, S. 81/.

Mit dieser Methode können reaktive Arbeiten ebensowenig wie kreative und schöpferische Arbeiten zeitlich bestimmt werden, da sowohl die Bestimmung eines Anfangs- als auch eines Endpunktes solcher Abläufe kaum möglich ist /vgl. HEINISCH 73, S. 66/. In der Praxis ist die Bedeutung der Zeitmessung als Methode zur Ist-Zeit-Ermittlung gering. Diese Methode ist vielmehr ein Bestandteil der Zeitaufnahme /vgl. Kapitel 4.1.5/.

4.1.3 Multimomentaufnahme (MMA)

Die Methode Multimomentaufnahme besteht aus den zwei selbständigen Methoden Multimoment-Häufigkeitsverfahren und Multimoment-Zeitmeßverfahren, bei denen während eines festgelegten Zeitraums Stichprobenbeobachtungen durchgeführt werden /HALLER-WEDEL 69; SIMONS 87/.

Bei dem **Multimoment-Häufigkeitsverfahren** (MMH) wird durch Zählen von Ablaufarten eine Aussage über die absolute oder prozentuale Häufigkeit von Abläufen mit einer statistisch gesicherten Genauigkeit gemacht, so daß das Ergebnis eine Aussage über die Häufigkeit beobachteter Abläufe liefert. Neben Verteilzeitaufnahmen wird diese Methode z.B. bei der Ermittlung von Durchlaufzeitanteilen oder Störzeitanteilen benutzt. Eine direkte Aussage über die zeitliche Dauer eines Ablaufs ist nicht möglich /vgl. HEINISCH 73, S. 60; OBENAUF 85, S. 75/. Somit kann MMH nicht als Methode zur "Zeitdaten-Ermittlung" im eigentlichen Sinne angesehen werden.

Das **Multimoment-Zeitmeßverfahren** (MMZ) wird zur Ermittlung von Ist-Zeiten für langzyklische und unregelmäßig auftretende Arbeitsabläufe benutzt, wobei schwerpunktmäßg durch stichprobenartige Kurzzeitbeobachtungen von muskulären,von sensomotorischen und technologischen Arbeiten mit den dazugehörigen Zeitpunkten (z.B. die aktuelle Uhrzeit) der Beobachtung an einem oder mehreren gleichartigen Arbeitssystemen erfaßt werden /vgl. MLA 78, S. 19/, wodurch sich diese Methode u.a. für die Ermittlung von Durchlaufzeiten eignet. Die Genauigkeit der Methode kann durch die Wahl der Rundgangshäufigkeiten beeinflußt werden /SIMONS 87, S. 124/. Die Anzahl der ermittelten Zeitlängen muß ausreichend groß sein, um von der Stichprobe auf die Grundgesamtheit schließen zu können. HEINZ und VORNBÄUMEN haben für die Schätzung von Mittelwert und Varianz der Zeitlängen wiederholt auftretenden gleichartiger Vorgänge Berechnungsvorschriften aufgestellt /HEINZ 91, S. 273/.

4.1.4 Befragen

Bei der Datenermittlung durch Befragen erkundet ein Fragender, im allgemeinen der Arbeitsstudienmann, die Meinung eines Befragten, der in der Regel der arbeitende Mensch oder dessen Vorgesetzter ist /vgl. MLA 78, S. 307/. Es können somit für alle Arbeitsabläufe Ist-Zeiten und Soll-Zeiten ermittelt werden, wobei ausschließlich die Auskunft des Befragten zur Verfügung steht. Die Zeitermittlung durch Befragen ist eine Methode mit begrenzter Genauigkeit /SIMONS 87, S. 122; HEINISCH 73, S. 64/.

4.1.5 Zeitaufnahme

Bei der Zeitaufnahme werden - ergänzend zur Zeitmessung, bei der man nur die Ist-Zeiten ermittelt (vgl. Kapitel 4.1.2) - für manuelle, beeinflußbare Tätigkeiten die Leistungsgrade beurteilt und dokumentiert, so daß man die ermittelten Ist-Zeiten zu Soll-Zeiten (Normalzeiten) aufbereiten kann. Neben dieser Vorgehensweise bei manuellen, beeinflußbaren Tätigkeiten für die Entlohnung können zur Aufbereitung der Ist-Zeit für andere Verwendungszwecke z.B. aufgaben- oder

Durchschnittsleistungen verwendet werden. Ist-Zeiten für betriebsmittelbezogene, unbeeinflußbare Abläufe müssen dahingehend überprüft werden, ob keine weiteren, nicht prozeßbezogenen Ist-Zeiten (z.B. Störzeiten) enthalten sind, bevor sie als Soll-Zeiten verwendet werden. Reaktive Arbeiten können ebensowenig wie kreative oder schöpferische Arbeiten mit dieser Methode zeitlich bestimmt und ausgewertet werden, da neben den - in Kapitel 4.1.2 angesprochenen - Problemen eine Beurteilung des Leistungsgrades in der Regel nicht möglich ist /vgl. HEINISCH 73, S. 66/.

4.1.6 Schätzen durch Vergleichen

Die Methode **Globales Schätzen** besteht aus zwei Schritten: beim Vergleichen werden Abläufe nebeneinandergestellt, um Unterschiede oder Übereinstimmungen festzustellen, wogegen beim Schätzen Soll-Zeiten ungefähr bestimmt werden /vgl. MLA 78, S. 276/. Die Genauigkeit beim Schätzen ohne Vergleichen würde wegen des fehlenden menschlichen Sinnes für Zeit so ungenau, daß eine Verwendung für die Zeitdatenermittlung nur sehr eingeschränkt möglich wäre.

Beim **Unterteilten Schätzen** werden bessere Ergebnisse erzielt, da man die Soll-Zeit nicht mehr für einen Ablauf schätzt, sondern diesen in Teilabläufe unterteilt, für diese Teilabläufe einzeln die Soll-Zeiten schätzt und diese zur Soll-Zeit für den Ablauf addiert. Die Unterteilung in Teilabläufe ermöglicht es, den Ablauf genauer zu vergleichen und die Unterschiede besser abzuschätzen. Des weiteren kann von der Annahme ausgegangen werden, daß sich Fehler einzelner Zeitschätzungen durch die additive Verknüpfung der Soll-Zeiten teilweise ausgleichen und der Gesamtfehler dadurch reduziert wird; dieser Zusammenhang wird Fehlerausgleich genannt.

Das **Schätzen mit Zeitklassen** ist eine Methode für das Bestimmen von Soll-Zeiten, bei dem keine Zeitlänge, sondern eine Zeitspanne (Zeitklasse) geschätzt wird /vgl. MLA 78, S. 286/. Ein Fehlerausgleich der geschätzten Zeiten wird dadurch erreicht, daß ein Arbeitsablauf unterteilt wird und für die Teilabläufe die Zeitwerte mit Hilfe einer nach mathematischen Gesetzmäßigkeiten aufgebauten Zeitklassentabelle geschätzt werden. Durch diese Zeitermittlungsmethode wird die Genauigkeit der Zeitdaten gegenüber dem Globalen Schätzen und dem Unterteilten Schätzen verbessert, da man nicht mehr Zeiten schätzt, sondern mittels Beschreibung einen Ablauf auswählt. Diese Methode findet in der Regel Anwendung bei der Zeitermittlung für Arbeitsaufgaben mit "bedingter Ähnlichkeit" /vgl. MLA 78, S. 290/.

Die Vorteile dieser drei Methoden liegen insbesondere in der Ermittlung von Soll-Zeiten für muskuläre, sensomotorische, reaktive, kreative und technologische

Arbeiten sowie von Übergangszeiten oder Durchlaufzeiten. Die Genauigkeit ist dabei von den vorhandenen Unterlagen und den Erfahrungen des Anwenders abhängig /vgl. SCHUHMACHER 72, S. 681/.

4.1.7 Method Time Measurement (MTM)

Die MTM-Verfahren gehören zur Gruppe der Systeme vorbestimmter Zeiten (SvZ) und werden als Verfahren, mit denen Soll-Zeiten für Ausführungen bestimmt werden können, die vom Menschen voll beeinflußbar sind" beschrieben /MTM 81, S. 1-3/. MTM ist das mit Abstand gebräuchlichste SvZ-Verfahren im deutschsprachigen Raum. Dazu hat die Entwicklung von MTM-Verfahren im wesentlichen beigetragen, so daß zur Zeit folgende MTM-Verfahren für die Ermittlung von Zeitdaten existieren (vgl. **Bild 4.2**).

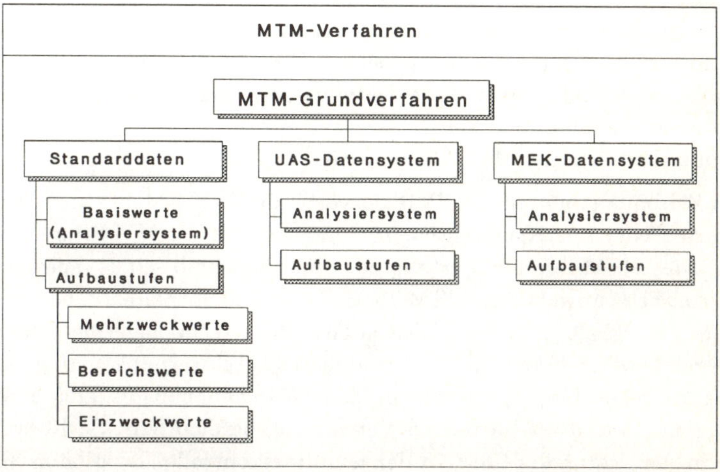

Bild 4.2: Übersicht der MTM-Verfahren zur Zeitdatenermittlung

Dem **MTM-Grundverfahren**, dem detailliertesten MTM-Datensystem und Ausgangspunkt für die Entwicklung aller weiteren MTM-Datensysteme, liegt ein Modell menschlicher Bewegungen zugrunde, das für die Soll-Zeitermittlung von muskulären und sensomotorischen Arbeiten die relevanten, voll beeinflußbaren Bewegungsabläufe von Menschen in acht Grundbewegungen der Finger, der Hand und des Arms, in zwei Blickfunktionen sowie in zehn Körperbewegungen einteilt /vgl. MTM 81/.

Um die Grundbewegungen und ihren Zeitbedarf (Ist-Zeiten) zu ermitteln, wurden eine Vielzahl industrieller Arbeitsabläufe gefilmt und statistisch ausgewertet. Aus diesen Ist-Zeiten wurden die Soll-Zeiten mit Hilfe eines eigenen Verfahrens zur Leistungsbeurteilung, dem LMS-Verfahren (auch als "Levelling-Verfahren" bekannt), abgeleitet. Zu beachten ist also, daß die MTM-Bezugsleistung nicht mit der REFA-Normalleistung gleichgesetzt werden kann. Die Soll-Zeiten wurden dann mit Hilfe statistischer Verfahren, insbesondere der Regressionsrechnung, verarbeitet, und sind als Soll-Zeiten mit Einflußgrößen in Tabellenform für die Ermittlung von Grundzeiten dokumentiert.

Die **MTM-Standarddaten** sind aufgrund zweier Entwicklungsprinzipien entstanden: dem Reduzieren und dem Vereinfachen von Zeiteinflußgrößen sowie der additiven Verknüpfung von Zeitdaten. Die Verfahren der MTM-Standarddaten gliedern sich in das Analysiersystem (MTM-Basiswerte) und die Aufbaustufen (MTM-Mehrzweckwerte, MTM-Bereichswerte und MTM-Einzweckwerte).

Die MTM-Basiswerte sind verdichtete, allgemein anwendbare Zeitdaten. Ihr Einsatzschwerpunkt ist bei hoher bis mittlerer Wiederholhäufigkeit muskulärer und sensomotorischer Ausführungen zu sehen. Die MTM-Mehrzweckwerte enthalten verdichtete, allgemein anwendbare Zeitbausteine, die aus einem MTM-Basiswert oder aus einer Kombination von MTM-Basiswerten bestehen. Der Einsatzschwerpunkt entspricht dem der MTM-Basiswerte.

Aus den Zeitbausteinen der MTM-Basiswerte, der MTM-Mehrzweckwerte und Tabellenwerten oder aus Kombinationen dieser wurden die MTM-Bereichswerte entwickelt. Die MTM-Bereichswerte sind nur innerhalb eines speziellen Unternehmensbereichs anwendbar /MTM 75, S. 6.0-1/ und enthalten neben Zeitdaten für manuelle Tätigkeiten auch Zeitdaten für technologische Abläufe. Die MTM-Bereichswerte haben ihren Einsatzbereich schwerpunktmäßig in der Teilefertigung und der Montage sowie in dem Werkzeugbau; es gibt aber auch für spezielle Tätigkeiten im Büro- und Verwaltungsbereich (z.B. Sachbearbeitertätigkeiten), in der Instandhaltung, in der Qualitätskontrolle sowie beim Fördern und Lagern, MTM-Bereichswerte. Die am höchsten verdichteten Zeitdaten sind die MTM-Einzweckwerte. Diese dürfen nur für bestimmte Arbeiten benutzt werden, wodurch sie die allgemeingültige Anwendbarkeit verlieren /MTM 75, S. 7.0-1/. Somit können die MTM-Einzweckwerte nicht mehr im Sinne einer allgemein anwendbaren Methode der Zeitdatenermittlung angesehen werden.

Die Entwicklung der **MTM-Datensysteme MEK** (MTM für Einzel- und Kleinserienfertigung) **und UAS** (Universelles Analysiersystem) wurde mit der Zielsetzung wirtschaftlicher Anwendung durch hohe Analysiergeschwindigkeit und ausreichende Genauigkeit unter Berücksichtigung eines anwendungsbereichstypischen Methodenniveaus und überbetrieblicher Anwendbarkeit durchgeführt /vgl. MTM 86, S. 1-5/. Die MEK- und UAS-Zeitdaten basieren auf MTM-Grundverfahrensanalysen der jeweils vorzufindenden typischen Bewegungsabläufe. Dadurch ist das zugrundeliegende Methodenniveau in diese MTM-Verfahren integriert. Das MEK-Datensystem kann grundsätzlich nur in der Einzel- und Kleinserienfertigung bzw. bei Tätigkeiten mit geringer Wiederholhäufigkeit und das UAS-Datensystem nur in der Serienfertigung bzw. bei Tätigkeiten mit hoher Wiederholhäufigkeit eingesetzt werden.

Die Entwicklungsparallelen zwischen dem MEK- und dem UAS-Datensystem spiegeln sich nicht nur in der Vorgehensweise der Datenentwicklung, sondern auch in dem jeweiligen zweistufigen Aufbau des Datensystems wider. Die Datensysteme gliedern sich in die Analysiersysteme und die Aufbaustufen. Beim MEK-Analysiersystem und beim UAS-Analysiersystem werden je sieben Grundvorgänge unterschieden, deren Zeitdaten jeweils einen in sich geschlossenen, sinnvoll abgegrenzten Bewegungsablauf umfassen. Bei der Entwicklung der Aufbaustufen wurde das Konzept der Trennung zwischen betriebsspezifischen und überbetrieblich verwendbaren Daten zugrunde gelegt /MTM 86, S. 4-3/.

4.1.8 Work Faktor (WF)

Der Unterschied zwischen MTM und WF ist primär in der Art der Berücksichtigung der Einflußgrößen bei einer Bewegungsablaufanalyse zu sehen. Während MTM auch qualitative Einflußgrößen, die eine Beurteilung verlangen, berücksichtigt, kommen bei WF nur Einflußgrößen vor, die quantitativ ermittelbar sind. **Bild 4.3** gibt einen Überblick der WF-Verfahren.

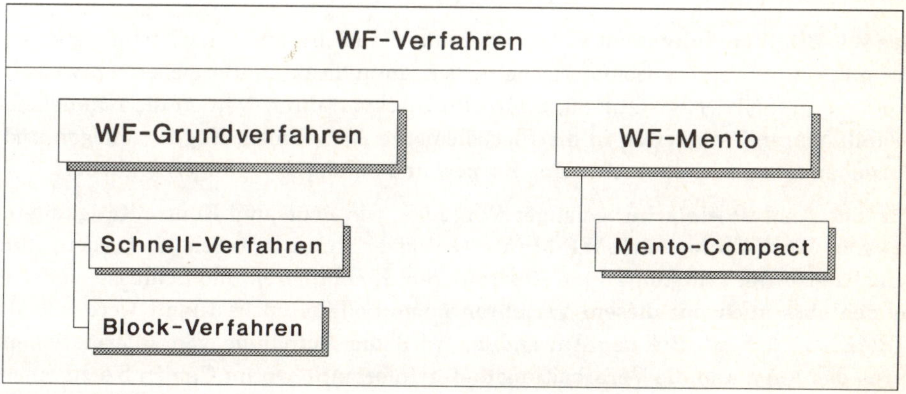

Bild 4.3: Übersicht des WF-Verfahren zur Zeitdatenermittlung

Das **WF-Grundverfahren** ist für die Massen- und Großserienfertigung entwickelt worden und berücksichtigt bei der Zeitermittlung z.B., ob Frauen oder Männer die Arbeit ausführen. Auf Basis von Schreibbändern, Filmaufnahmen und stroboskopischen Aufnahmen wurden Zeitstudien durchgeführt, wobei - ähnlich dem MTM-Verfahren - die Leistungsbeurteilung mit einem eigenen Verfahren durchgeführt wurde. Die zeitbezogenen Urdaten für Arm-, Bein-, Rumpf-, Hand- und Fußbewegungen sowie für Gehen und einfache geistige Vorgänge wurden nach einer statistischen Auswertung in die WF-Bewegungszeitwerte für muskuläre und sensomotorische Arbeiten umgeformt und tabellarisch aufbereitet. Das WF-Grundverfahren kann zur Ermittlung von Grundzeiten eingesetzt werden, wobei eine Analyse für Arbeitszyklen von mehr als zwei Minuten Dauer /QUICK 65, S. 27 ff./ nicht zu empfehlen ist.

Für die Anwendung bei Arbeitsvorgängen, die länger als zwei Minuten dauern, wurden aus dem WF-Grundverfahren **verdichtete WF-Verfahren** entwickelt. Die verdichteten WF-Verfahren bestehen heute im wesentlichen aus dem WF-Schnellverfahren, dem WF-Blockverfahren und den WF-Plandaten. Das WF-Kurzverfahren, das erste verdichtete WF-Verfahren, findet heute in Deutschland im wesentlichen nur noch in der Holzindustrie Anwendung und wird daher im weiteren nicht betrachtet.

Mit dem **WF-Schnellverfahren** bietet das Work-Factor-System ein vereinfachtes SvZ-Verfahren zur Analyse muskulärer und sensomotorischer Arbeit. In den Zeittabellen sind die Standardelemente für Bewegen, Greifen, Vorrichten, Loslassen, Fügen, Montieren, Anlegen, Ausführen, Demontieren, Gehen, Körperbewegung und geistige Vorgänge enthalten, wobei unterschiedliche Schwierigkeitsgrade bzw. Merkmale berücksichtigt werden /vgl. WFGD o.J., S. 4/.

Das **WF-Blockverfahren** ist insbesondere für die Klein- und Einzelfertigung sowie für muskuläre und sensomotorische Arbeit in indirekten Bereichen entwickelt worden /vgl. SCHÖNEWOLF 80, S. 77/. Im Blockverfahren werden die manuellen, beeinflußbaren Tätigkeiten in die Blockelemente Aufnehmen, Fügen, Ablegen und Einzelbewegung sowie verschiedene Körper- und Sonderbewegungen gegliedert.

Für eine Analyse einfacher geistiger Vorgänge, wie Prüf- und Kontrolltätigkeiten, ist von Work-Factor das **WF-Mento**-Grundverfahren entwickelt worden; für komplizierte Denkvorgänge - wie Abstrahieren, Kombinieren und Schlüsse ziehen - können aber auch mit diesem Verfahren keine Soll-Zeiten bestimmt werden /vgl. SIEMENS 72, S. 6/. Bei der Anwendung wird die Aufnahme von Informationen durch das Auge und die Verarbeitung dieser Informationen im Gehirn bis zu einer Entscheidung analysiert. Die Durchführung einer Mento-Analyse ist recht kompliziert und der Analysieraufwand sehr hoch, wodurch sich das WF-Mento-Grundverfahren in der Praxis nicht durchsetzen konnte /PAPENFUSS 88, S. 11/. Aus diesem Grund wurde das **WF-Mento-Compact**-Verfahren entwickelt; durch eine Reduzierung und durch eine Vereinfachung der Anwendungsregeln wurde dieses Verfahren für die Praxis grundsätzlich anwendbar.

4.1.9 Maynard Operation Sequence Technique (MOST)

Dem Aufbau der MOST-Verfahren liegt die Feststellung zugrunde, daß sich fast jeder Arbeitsablauf durch ständig wiederholende Grundmuster, sogenannte Bewegungssequenzen, beschreiben läßt /ZANDIN 90, S. 7/.

Eine Sequenz besteht aus - je nach MOST-Verfahren inhaltlich unterschiedlich umfassenden - Bewegungselementen, wobei der Aufbau der Sequenzen für alle MOST-Verfahren (vgl. **Bild 4.4**) ähnlich ist.

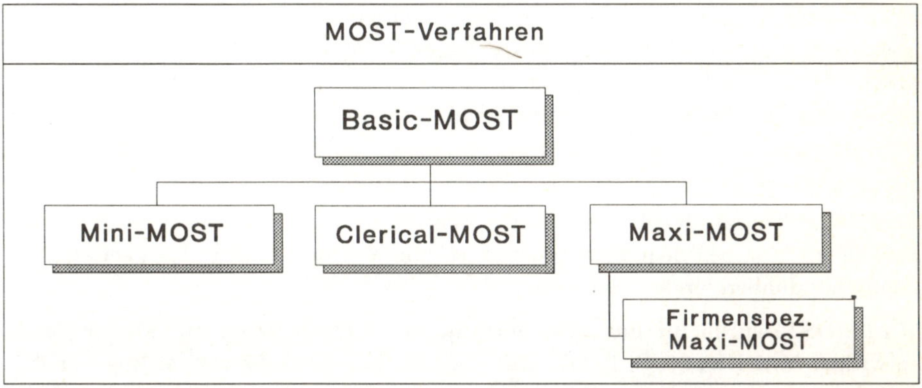

Bild 4.4: Übersicht des MOST-Verfahren zur Zeitdatenermittlung

Jedes Bewegungselement wird mit einem Zahlenwert indiziert. Dieser Zahlenwert (Indexwert) ist gleichzeitig ein Maß für die Einflußgröße (z.B. Länge der zurückgelegten Distanz) und für die Soll-Zeit /ZANDIN 90, S. 11/. Ist das Bewegungselement nicht Bestandteil des zu analysierenden Ablaufs, so wird dem entsprechenden Bewegungselement der Indexwert "0" zugeordnet. Die Ermittlung der benötigten Soll-Zeit wird durch die Addition der Werte aller Indices und anschließender Multiplikation mit einem, vom jeweiligen MOST-Verfahren abhängigen Faktor "F", der den unterschiedlichen Umfang der Bewegungselemente widerspiegelt (Basic-MOST: F=10, Clerical-MOST: F= 10, Mini-MOST: F= 1, Maxi-MOST: F=100), durchgeführt /vgl. MOST 90, S. 13/. Allen MOST-Verfahren gemeinsam ist die konstante zeitliche Genauigkeit der Bewegungselemente innerhalb des jeweiligen MOST-Verfahrens /ZANDIN 90, S. 323 ff./.

Basic-MOST ist direkt auf Basis von MTM-Grundverfahrensanalysen entwickelt worden und hat sein Einsatzgebiet bei der Soll-Zeitbestimung für Abläufe in der Serienproduktion /ZANDIN 90, S. 27 ff./. Das Verfahren besteht aus den beiden Sequenzen "Allgemeines Bringen" und "Kontrolliertes Bringen", die zur Erfassung von manueller Arbeit nötig sind, sowie aus zwei zusätzlichen Sequenzen, um Zeitdaten für Tätigkeiten mit Werkzeuggebrauch und für Tätigkeiten bei der Kranbenutzung ermitteln zu können.

Die Sequenz "Allgemeines Bringen" beschreibt beispielsweise die räumliche Verschiebung eines beliebigen Objektes von einem Ort zu einem anderen Ort. Es werden dabei alle Bewegungsabläufe durch die Bewegungselemente Hinlangen zu einem Objekt, Ergreifen des Objektes, Bewegen des Objektes zu seinem Bestimmungsort, Plazieren des Objektes in seine endgültige Position und Rückkehr zum Arbeitsplatz erfaßt. Die Bewegungselemente werden in einer Sequenz repräsentiert, wobei nicht nach Bewegungen der rechten und der linken Hand differenziert wird. Jeder Buchstabe in dieser Sequenz $\{A_Z - B_Z - G_Z - A_Z - B_Z - P_Z - A_Z\}$ entspricht einem bestimmten Bewegungselement (z.B. A = Aktionsbereich [Action Distance] oder B = Körperbewegung [Body Motion]). Der Index "$_Z$" steht dabei stellvertretend für den Einflußgrößenwert.

Speziell für Bürotätigkeiten hat man **Clerical-MOST** entwickelt /ZANDIN 90, S. 261 ff./. Clerical-MOST besteht aus demselben Bewegungssequenzaufbau wie Basic-MOST, wobei Sequenzen verändert und um zusätzliche Tätigkeiten (z.B. Papier handhaben) ergänzt wurden.

Mini-MOST wurde für die Zeitermittlung von Arbeitszyklen mit kurzer Dauer entwickelt /ZANDIN 90, S. 123 ff./. Mini-MOST erhält den Vorzug vor Basic-MOST, falls Bewegungsabläufe bei jedem Arbeitszyklus nahezu identisch sind und der Zyklus sehr oft wiederholt (>1500 Wiederholungen pro Woche) wird. Es werden dieselben Grundsequenzen wie bei Basic-MOST verwendet. Um die gewünschte Genauigkeit zu erzielen, sind einerseits diejenigen Grundbewegungen, die bei Basic-MOST mit dem Index "z = 1" versehen sind, weiter unterteilt, andererseits werden auch Bewegungen der rechten und der linken Hand separat analysiert.

Maxi-MOST ist ein verdichtetes Basic-MOST-Verfahren und für langzyklische, sich kaum wiederholende Arbeitsabläufe (z.B. komplexe Montagetätigkeiten oder Wartungsarbeiten an Maschinen) entwickelt worden /ZANDIN 90, S. 173 ff./. Das Einsatzgebiet von Maxi-MOST ist hauptsächlich in der Einzel- und Kleinserienfertigung zu sehen. Die Erfahrung der Arbeitspersonen und die Selbständigkeit bei der Durchführung einer speziellen Aufgabe führen dazu, daß man die Zeitdaten mittels den Rahmenbedingungen der Arbeitsausführung ermittelt. Es hat sich gezeigt, daß die Analysen mit den Sequenzmodellen Werkzeuggebrauch,

Maschinenbedienung, Gegenstände handhaben, Transport mit Motorkran und Transport mit Flurförderzeugen beschrieben werden können. Gegenüber Basic-MOST wurden die Sequenzmodelle so gestaltet, daß sie nur noch aus drei Bewegungselementen bestehen.

Eine Besonderheit von Maxi-MOST ist die Möglichkeit, neue Elemente zu entwickeln, um der anfallenden Vielfalt von Werkzeugen, Arbeitsbedingungen und Arbeitsmethoden gerecht zu werden /ZANDIN 90, S. 257 ff./. Dabei wird von der Entwicklungsweise der Maxi-MOST-Bewegungselemente ausgegangen. Dieses **Firmenspezifische Maxi-MOST** kann je nach Verdichtung höhere Analysiergeschwindigkeiten erreichen als Maxi-MOST.

4.1.10 Berechnen

Die rechnerische Ermittlung von Zeiten ist nur für technologische Prozesse durchführbar. Dabei wird mit Hilfe von prozeßbestimmenden Gesetzmäßigkeiten und allen aktuellen Parametern die Soll-Zeit berechnet /vgl. MLA 78, S. 266/. Diese Methode findet hauptsächlich bei Bearbeitungsprozessen der Teilefertigung Anwendung, da der Aufwand der Ermittlung aller benötigten Prozeßparameter durch detaillierte Beschreibung des Ablaufs nur dort lohnt, wo die technologischen Abläufe schwerpunktmäßig durchgeführt werden. Darüber hinaus können "in vielen Fällen die berechneten und unbeeinflußbaren Prozeßzeiten Schwankungen unterworfen sein, die nur schwer vorherbestimmbar sind" /MLA 78, S. 274/, und somit die Genauigkeit der berechneten Zeitdaten beeinflussen.

4.2 Rechnerunterstützung für die Zeitdatenermittlung

Moderne Technologien und Mittel - wie die elektronische Datenverarbeitung (EDV) - werden auch für die Zeitdatenermittlung eingesetzt, um Zeitdaten wirtschaftlich zu ermitteln. Von den in Kapitel 4.2 vorgestellten Zeitermittlungsmethoden bieten sich für eine rechnerunterstützte Zeitdatenermittlung grundsätzlich Selbstaufschreibung, Zeitaufnahme, Multimomentanalyse (MMZ), REFA-Zeitaufnahme und die SvZ-Verfahren MTM, WF und MOST an.

Die Möglichkeit, mit Hilfe elektronischer Datenerfassungs-(DE-)Geräte (Uhr-)Zeiten abzufragen und somit neben weiteren Daten auch die Zeitdauer zu erfassen sowie alle erfaßten Daten in einer EDV-gerechten Form direkt zu übertragen oder im DE-Gerät zu speichern, ist eine wichtige Voraussetzung für die rechnerunterstützte Zeitermittlung. Die DE-Geräte lassen sich in verschiedene Geräteklassen unterteilen, wobei die einzelnen DE-Geräteklassen für unterschiedliche Formen der Erfassung, Verwendungszwecke, Zeitdatentypen und (Zeitermittlungs-) Methoden geeignet sind (**Bild 4.5**).

Merkmal	DE-Geräteklassen		
	mobiles Datenerfassungsgerät (mDE-Gerät)	[stationäres] Betriebsdatenerfassungsgerät (BDE-Gerät)	[stationäres] Maschinendatenerfassungsgerät (MDE-Gerät)
Form der Erfassung	sporadisch	kontinuierlich	kontinuierlich
Zweck der Verwendung (abgegrenzt auf Zeitdaten)	Ermittlung von: - Grundzeit - Verteilzeit - Durchlaufzeitbestandteilen - (Störzeit)	Ermittlung von: - Anwesenheitszeit - Durchlaufzeitbestandteilen - Störzeit	Ermittlung von: - Durchlaufzeitbestandteilen - Störzeit
Zeitdatentyp	- Ist-Zeit (+Leistungsgrad)	- Ist-Zeit	- Ist-Zeit
Methoden	Zeitaufnahme, MTM, MMZ*, WF*	Selbstaufschreibung	Selbstaufschreibung

* kein Standardprodukt

Bild 4.5: Klassen von Datenerfassungsgeräten

Gegenüber der konventionellen Erfassung, Übermittlung und Auswertung sind bei der rechnerunterstützten Erfassung, Übermittlung und Auswertung der Daten insbesondere die Reduktion fehlerhafter Zeitmessungen, der Wegfall von handschriftlichen Aufzeichnungen sowie Übertragungs- und Berechnungsfehlern, die mentale Entlastung des Zeitdatenermittlers - z.B. bei der Zeitaufnahme -, die Vereinheitlichung der Zeitdatenerfassung, die automatische Vorauswertung während einer Datenerfassung und die EDV-gerechte Form der Daten hervorzuheben /vgl. JOHN 84, S. 77 ff.; OLBRICH 91, S. 58 ff./.

4.2.1 Rechnerunterstützung für die Methoden der sporadischen Zeitdatenerfassung

Für die Methoden der sporadischen Zeitdatenerfassung sind spezielle rechnerunterstützte Systeme entwickelt worden, die aus Hardwarekomponenten (mDE-Gerät, Personalcomputer, Drucker) und entsprechender Software bestehen (vgl. **Bild 4.6**).

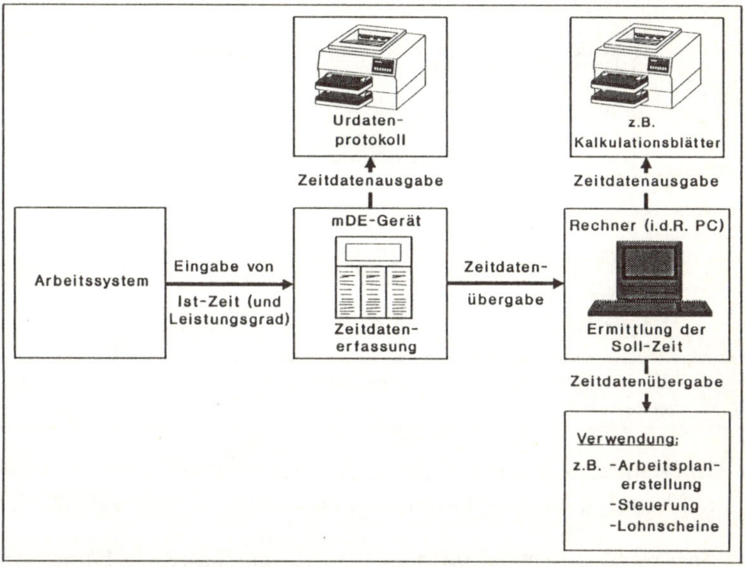

Bild 4.6: Rechnerunterstütztes System für Zeitdatenerfassung /vgl. HEINZ 89b, S. 81/

Ein solches System kann entweder einsatzfertig - bestehend aus einem "aufgabenspezifischen" mDE-Gerät mit entsprechenden Auswertungsprogrammen - von entsprechenden Anbietern erworben werden oder betriebsspezifisch - durch die Verwendung eines "freiprogrammierbaren" mDE-Gerätes - entwickelt werden. Sowohl bei einer wirtschaftlichen Betrachtung als auch aus Gründen möglicher Einführungsproblematiken (z.B. Sicherheit der Programme) wird überwiegend ein direkt einsatzfähiges System erworben. Detaillierte Beschreibungen und eine Marktanalyse der zur Zeit angebotenen Systeme sind von HEINZ und OLBRICH sowie von SIMON durchgeführt worden /vgl. HEINZ 89b, SIMON 91/.

Durch ein rechnerunterstütztes System wird der Zeitdatenermittler bei der Erfassung der Ist-Daten am Arbeitssystem bei der Auswertung der Ist-Zeiten, der Ermittlung von Soll-Zeiten und ggf. von Soll-Zeiten mit Einflußgrößen unterstützt. Besonders die Ermittlung von Soll-Zeiten mit Einflußgrößen ist erst mit Rechnerunterstützung wirtschaftlich durchführbar, da der Aufwand, der über die manuelle Ermittlung einer linearen Regression hinausgeht, nicht zu vertreten ist /vgl. JOHN 87, S. 24/. Die besonderen Vorteile bei der Durchführung einer sporadischen Zeitdatenerfassung mit rechnerunterstützten Systemen liegen schwerpunktmäßig in der Datenerfassung, -übermittlung und -auswertung (vgl. **Bild 4.7**).

Vorgänge während der Durchführung der Zeitdatenerfassung bei der herkömmlichen Aufnahmemethode		Art der Ausführung	Rechner-unterstützung
Vorbereitung der Aufnahme	- Strichmarkierung auf Aufnahmebogen	■	□
	- Ziel festlegen	■	□
	- Ablaufarten festlegen und beschreiben	▩	▒
	- Aufnahmeunterlagen (Formulare) erstellen	■	□
	- Betreffende Personen und Betriebsrat informieren	■	□
Datenerfassung	- Handschriftliche Eintragungen in Formularen oder - Strichmarkierungen auf Aufnahmebogen	▩	▒
Datenübermittlung	- Versand der ausgefüllten Datenträger	▩	▒
Auswertung	- Prüfung der Aufnahmevoraussetzungen	■	□
	- Auswertung der ermittelten Daten	▩	▒
	- Egebnisdarstellung graphisch oder tabellarisch	▩	▒
	- Interpretation der Ergebnisse	■	□

Legende: ▩ überwiegend formal; ■ überwiegend kreativ; ▒ überwiegend möglich; □ überwiegend nicht möglich

Bild 4.7: Untersuchung der Vorgänge bei der sporadischen Zeitdatenerfassung auf Eignung für eine Rechnerunterstützung /vgl. SIMONS 87, S. 93/

Neben der angebotenen Rechnerunterstützung für das MMH-Verfahren bietet sich auch das MMZ-Verfahren, bei dem große Datenmengen erfaßt und gespeichert werden müssen, für eine Rechnerunterstützung an /vgl. SIMONS 87, S. 93 ff./; bisher ist das MMZ-Verfahren nur in prototypischen Einzelfällen rechnerunterstützt eingesetzt worden.

Für die Methode Berechnen bietet sich auch eine Rechnerunterstützung - durch die Auswertung der NC-Programme mit Hilfe geeigneter Simulationsprogramme (Zeitprozessoren) - an, wodurch Haupt- und Nebennutzungszeiten direkt mit Hilfe der NC-Daten abgeleitet werden können /vgl. HECKMANN 90, S. 6/.

4.2.2 Rechnerunterstützung für SvZ-Verfahren

Parallel zu diesen Entwicklungen wurden auch für die SvZ-Verfahren MTM, WF und MOST EDV-Lösungen geschaffen, die seitens der Hardware vom mDE-Gerät über Personalcomputer bis zu Minirechnern reichen /vgl. OLBRICH 91/.

Bei einer SvZ-Analyse eignet sich besonders das Zuordnen der tabellarisch erfaßten Zeitwerte zu den Kodes, die Multiplikation der Zeitwerte mit den Häufigkeiten und die Addition der Zeilenwerte zum Gesamtwert für eine Rechnerunterstützung, wodurch der Analysieraufwand reduziert und Fehler (z.B. bei der Zeitwertzuordnung oder den Rechenoperationen) vermieden werden können. Werden für die Analysenerstellung bereits existierende Analysen verändert, so ist durch rechnerunterstütze Kopier- und Änderungsmöglichkeiten mit einer weiteren Reduzierung des Analysieraufwandes zu rechnen.

Die Verdichtung von Zeitdaten spielt bei den SvZ-Verfahren eine wesentliche Rolle. Basierend auf den Soll-Zeiten von einzelnen Analysen, werden mit diesen - bezogen auf die Grundtätigkeitsanalyse - höher verdichtete Soll-Zeiten Analysen durchgeführt, so daß eine Struktur bei der Verdichtung von Zeitdaten entsteht, wie sie in **Bild 4.8** schematisch dargestellt ist. Das Ändern einer Analyse würde nicht nur die Änderung dieser Soll-Zeit, sondern auch aller höher verdichteten Soll-Zeiten aus den entsprechenden Analysen nach sich ziehen (vgl. **Bild 4.8**). Die Notwendigkeit einer Rechnerunterstützung erstreckt sich neben der Analysenerstellung somit auch auf den Aufbau, die Aktualisierung und die Nutzung solcher Zeitdatenstrukturen.

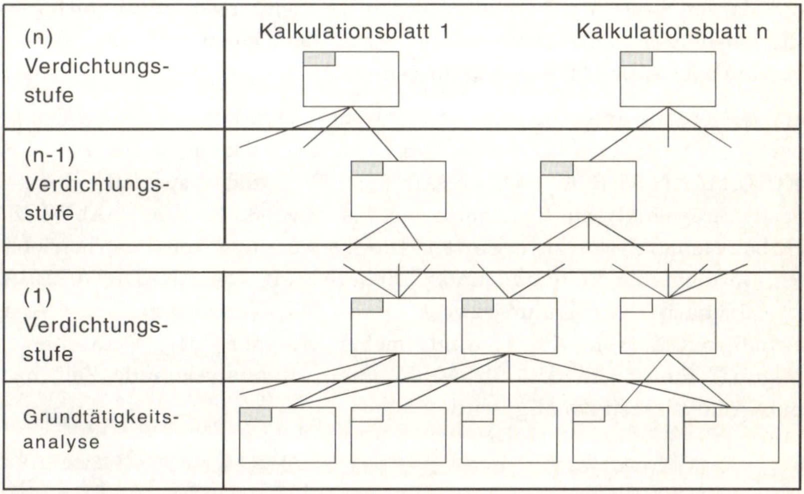

Bild 4.8: Aufbau der Struktur und Auswirkung bei der Änderung in einer Grundtätigkeitsanalyse

Rechnerunterstützung für MTM-Verfahren

Die Deutsche MTM-Vereinigung hat für die Ermittlung, die Verwendung und die Verdichtung von Zeitdaten das Programmsystem ANADATA/ZEBADATA entwickelt, das aus einem Programm zur Datenermittlung mit Hilfe von MTM-Verfahren (ANADATA) und aus einem Programm zur Datenverwendung (ZEBADATA) besteht. Ergänzt durch ein mit den MTM-Verfahren programmiertes mDE-Gerät lassen sich auch Beobachtungsanalysen rechnerunterstützt durchführen. Die zweispurige Chronologieanalyse des MTM-Grundverfahrens ist von dieser speziellen Möglichkeit ausgeschlossen.

ANADATA ist für die Analysenerstellung mit allen MTM-Analysiersystemen und Aufbaustufen geeignet und ermöglicht auch die Einbindung von Zeitdaten, die mit anderen Methoden ermitteltet wurden. ANADATA läßt sich in die Funktionen "Analysen erstellen", "Analysen speichern" und "Analysen ändern" einteilen und bietet dem Anwender für das Erstellen von Analysen unterschiedliche Vorgehensweisen, wie cursorgesteuertes Analysieren, dialogorientierte Führung und direkte Kodeeingabe, an. Zusammen mit der Analysenbeschreibung werden die Analysen nach Durchführung der Zeitberechnung in einer Datei gespeichert und stehen für die Verwendung und ggf. für die Änderung von Analysen durch Einfügen, Löschen oder Überschreiben zur Verfügung.

Mit Hilfe des Systems ZEBADATA werden Dateien für verdichtete Zeitdaten angelegt und verwaltet. Die Struktur der höher verdichteten Zeitdaten wird abgespeichert und ermöglicht die Aktualisierung der Zeitdaten bei Änderungen. Weiterführend lassen sich u.a. rechnerunterstützt Zeitberechnungsunterlagen (z.B. Kalkulationsblätter) entwickeln sowie Servicefunktionen z.B. zur Arbeitsplangenerierung oder Arbeitsanweisung nutzen.

Die Aufwandsreduzierung bei den Neuanalysen beinhaltet zwar nicht das primäre Einsparungspotential, es sind aber trotzdem Reduzierungen bis zu 20 Prozent /vgl. KUHLMANN 88, S. 4; OBENAUF 87, S. 9/ und speziell bei MTM-Grundverfahrensanalysen Reduzierungen bis etwa 35 Prozent /SALWICZEK 82, S. 136/ bei Neuanalysen zu erwarten. Die Verwendung von innerbetrieblich erstellten, verdichteten Zeitdaten unter Einbeziehung von ANADATA/ZEBADATA kann - je nach Verwendungszweck und MTM-Verfahren - zu Analysiergeschwindigkeiten von 10 : 1 (und mehr) [Angabe der Deutschen MTM-Vereinigung] führen, so daß für 10 Minuten zu analysierende Zeit nur noch 1 Minute Analysierzeit benötigt wird.

Rechnerunterstützung für WF-Verfahren

Die Entwicklung der Rechnerunterstützung der WF-Verfahren begann mit der rechnerunterstützten Analysenerstellung der WF-Verfahren /vgl. PAPENFUSS 88, S. 13/. Während die Programme für WF-Analysen von der WF-Gemeinschaft Deutschland erstellt wurden und einen ähnlichen Umfang wie ANADATA aufweisen, wird im momentanen Entwicklungsstand die Verwaltung der analysierten Zeitwerte und die Zeitkalkulation mit dem Softwarepaket ZEWI durchgeführt.

Für dieses System zur rechnerunterstützten Durchführung von WF-Analysen gibt es noch keine Aussagen über die Aufwandsreduzierung durch die Rechnerunterstützung. Da für WF-Verfahren ebenso wie für MTM-Verfahren rechnerunterstützt Analysen erstellt sowie verdichtete Zeitdaten aufgebaut, verwendet und verwaltet werden, kann in einer ersten Schätzung für die Aufwandsreduzierungen bei einem rechnerunterstützten WF-System von ähnlichen Werten wie bei dem MTM-System ausgegangen werden.

Rechnerunterstützung für MOST-Verfahren

Im Gegensatz zu den MTM-Verfahren und den WF-Verfahren, die aufgrund des Entstehungszeitraumes ursprünglich als rein manuelle Systeme entwickelt wurden, ist bei den MOST-Verfahren schon während der Entwicklung berücksichtigt worden, daß diese Verfahren auch rechnerunterstützt angewendet werden sollen /ZANDIN 90, S. 15/.

Das MOST-System baut bei der Analysenerstellung auf einer rechnerunterstützt zu erstellenden Arbeitssystemskizze auf, in der schon einige Werte, die für Einflußgrößenbestimmung benutzt werden können, wie der Abstand zwischen Montagestelle und Ablageort, beschrieben sind. Darüber hinaus werden die Bewegungssequenzen nicht unter manueller Eingabe der Indexwerte beschrieben, sondern es werden vordefinierte Schlüsselwörter verwendet, die in Kombination mit den Angaben in der Arbeitssystemskizze automatisch die Bewegungssequenz mit den richtigen Indizierungen erstellt. Bei der Ermittlung der Zeitwerte von Bewegungssequenzen und von Analysen sowie bei der Änderung von Analysen wird der Anwender vergleichsweise wie bei ANADATA/ZEBADATA unterstützt. Das MOST-System bietet neben dieser zeitlichen Beurteilung von Abläufen auch eine Abschätzung der Kosten von alternativen Abläufen an /vgl. ZANDIN 90, S. 279 ff./.

Gegenüber der manuellen Analysenerstellung kann bei der rechnerunterstützten Analysenerstellung mit dem MOST-System von einer ca. 80-prozentigen Aufwandsreduzierung ausgegangen werden /ZANDIN 90, S. 297/.

4.2.3 Rechnerunterstützung für die kontinuierliche Zeitdatenerfassung

Kontinuierliche Zeitdatenerfassung mit Selbstaufschreibung durch Geräte ist im Rahmen der Anwesenheitszeit durch Stempeluhren oder im Rahmen der Maschinendatenerfassung durch Zeit- und Nutzungsschreiber schon vor der elektronischen Datenverarbeitung in Unternehmen mit der Problematik manueller Datenverarbeitung - wie hoher Verarbeitungsaufwand der manuell erfaßten Daten - zum Einsatz gekommen. Die Einführung von Planungs- und Steuerungssystemen für die Fertigung - oder die Produktion - sowie Leitstandsysteme kann als einer der Gründe für den steigenden Bedarf an aktuellen, schnell verfügbaren und EDV-gerechten Betriebsdaten - wie Daten über Zustände der Arbeitssysteme, über benötigte Zeiten oder über produzierte Mengen - angesehen werden. Neben der Bedeutung, betriebliche Daten auftragsbezogen zu ermitteln, ist auch die Bedeutung der personalbezogenen Datenermittlung beispielsweise für die kurzfristige Personalplanung durch die Flexibilisierung der Arbeitszeit gestiegen.

Für die Betriebsdatenerfassung (BDE) sind rechnerunterstützte BDE-Systeme - bestehend aus einem oder mehreren BDE-Gerät(-en) und entsprechender BDE-Software - für unterschiedlichste Anforderungen entwickelt worden. Die BDE-Geräte lassen sich grundsätzlich in stationäre (z.B. Gerät im Hallenbereich oder am Arbeitsplatz) und in mobile Geräte (z.B. Gerät auf einem Gabelstapler oder auf einem Kommissionierwagen) unterteilen. Je nach Anforderung sind solche BDE-Geräte zur Dateneingabe mit speziell belegbaren Tasten (z.B. für eine Störungsmeldung), mit einer Zehner- oder Schreibmaschinentastatur, mit Magnet- oder Kodelesegerät oder einer beliebigen Kombination solcher Eingabemöglichkeiten ausgerüstet. Die BDE-Software wird zum Teil in Kombination mit speziellen BDE-Geräten aber auch von geräteunabhängigen Software-Häusern angeboten.

Speziell für die Maschinendatenerfassung (MDE) gibt es Geräte, die zur Datenerfassung direkt mit einer oder mehreren Produktionsmaschinen verbunden sind und in Verbindung mit entsprechenden Softwareprogrammen ein MDE-System darstellen. Das Leistungsspektrum von MDE-Systemen reicht von der vollautomatischen Erfassung beispielsweise prozeß- oder auftragsbezogene Zustände der entsprechenden Maschine(-n) bis hin zur kombinierten manuellen und automatischen Erfassung, wobei prozeßbezogene Zustände automatisch erfaßt und auftragsbezogene Informationen vom Mitarbeiter am MDE-Gerät eingegeben werden. Eine Marktanalyse der zur Zeit angebotenen BDE- und MDE-Geräte bzw. BDE- und MDE-Systeme ist von ROSCHMANN durchgeführt worden /vgl. ROSCHMANN 1991, S. 200 ff. /.

Prinzipiell steht mit einem BDE- oder MDE-System ein Instrument zur Verfügung, um u.a. auch kontinuierlich Ist-Zeiten mit beliebigem Detaillierungsgrad z.B. auftrags-, kostenstellen- oder personenbezogen erfassen zu können. Je detaillierter die Erfassung der Ist-Zeiten mit BDE-Geräten gefordert wird, desto häufiger und differenzierter müssen entsprechende Informationen über den momentanen Betriebszustand gemeldet werden. Daten über Beginn und Ende eines Auftrags, einer Störung, einer Zusatzarbeit am Auftrag, einer Sonderarbeit sowie Fertigstellung von Teillosen mit zusätzlichen Angaben wie die Nummer des Auftrags und des Arbeitsystems sind Informationen, die beim Einsatz eines BDE- oder MDE-Systems zur Verfügung stehen können. Diese Informationen dienen nicht nur zur Überprüfung des momentanen Betriebszustandes oder zur maschinen-, personen- und auftragsbezogenen Auswertung, sondern ermöglichen auch kontinuierliche Soll-Ist-Vergleiche von Zeitdaten z.B. der geplanten im Vergleich zur benötigten Durchlaufzeit oder die Bestimmung spezieller Zeitdaten wie die Ermittlung von Übergangszeiten oder Störzeiten.

4.3 Auswahlverfahren für die Methoden der Zeitermittlung

Die Festlegung der geeigneten Methode zur Ermittlung von Zeitdaten stellt ein Grundproblem dar, das durch ein entsprechend geeignetes Auswahlverfahren gelöst werden kann, wie erste Erfahrungen von HEINZ und OLBRICH mit einem Auswahlverfahren für spezielle Unternehmensbereiche gezeigt haben /vgl. HEINZ 90a, S. 215 ff./.

Die in diesem Kapitel vorgestellte Weiterentwicklung des Auswahlverfahrens für Zeitermittlungsmethoden ist dahingehend durchgeführt worden, daß das Auswahlverfahren uneingeschränkt für alle Unternehmensbereiche (direkte und indirekte Bereiche) anwendbar wird. Es besteht aus einer Abfolge von einzelnen Schritten (vgl. **Bild 4.9**), wobei die in **Bild 4.10** dargestellten Methoden der Zeitermittlung berücksichtigt werden. Anhand eines Betriebsbeispiels wird gezeigt, wie sich die untersuchten Zeitermittlungsmethoden im vierten Bearbeitungsschritt auf die Menge reduziert, für die eine Bewertung durch Reihenfolgebildung zur abschließenden Betrachtung durchgeführt wird. Alle Tabellen und Formblätter, die in diesem Kapitel nur auszugsweise dargestellt werden, sind im Anhang dokumentiert.

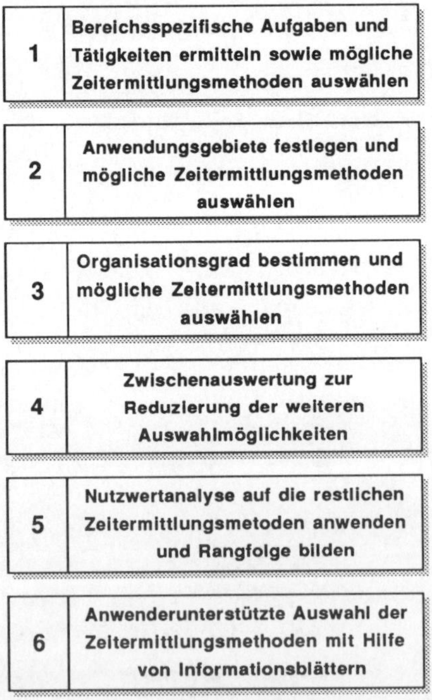

Bild 4.9: Vorgehensweise bei der Methodenauswahl

Methode 1:	Selbstaufschreibung
Methode 2:	Multimoment-Zeitmeßverfahren
Methode 3:	Befragen
Methode 4:	Zeitaufnahme
Methode 5:	Globales Schätzen
Methode 6:	Unterteiltes Schätzen
Methode 7:	Schätzen mit Zeitklassen
Methode 8:	Berechnen
Methode 9:	MTM-Grundverfahren
Methode 10:	MTM-Standarddaten
Methode 11:	MTM-MEK
Methode 12:	MTM-UAS
Methode 13:	WF-Grundverfahren
Methode 14:	WF-Schnellverfahren
Methode 15:	WF-Blockverfahren
Methode 16:	WF-Mento-Compact
Methode 17:	Basic-MOST
Methode 18:	Clerical-MOST
Methode 19:	Mini-MOST
Methode 20:	Maxi-MOST

Bild 4.10: Zeitdatenermittlungsmethoden der Auswahlsystematik

Bearbeitungsschritt 1:
Auswahl der Methoden mit Hilfe der einsatzbereichsspezifischen Aufgaben und Tätigkeiten

Der Einsatzbereich der Zeitermittlungsmethoden beschreibt den direkten oder indirekten Bereich, in dem eine Methode eingesetzt werden soll, wobei Zeiten nicht für einen Bereich, sondern für die Ausführung der Aufgaben (Tätigkeiten) innerhalb eines Bereichs ermittelt werden (vgl. Kapitel 3.2). Im weiteren werden deshalb die Aufgaben (Tätigkeiten) näher betrachtet und für das Auswahlverfahren schwerpunktmäßig einem bestimmten Bereich zugeordnet. Durch diese Zuordnung (vgl. **Bild 4.11**) wird unternehmensneutral für die weitere Vorgehensweise teilweise das betrachtende Spektrum der Aufgaben- (Tätigkeits-)beschreibungen im Rahmen des Auswahlverfahrens reduziert. Aus der Überprüfung dieser vordefinierten Zuordnung ergeben sich die Einsatzbereiche, die im weiteren betrachtet werden müssen.

Die Zeitermittlungsmethoden sind im Hinblick auf ihre Eignung für die verschiedenen bereichsspezifischen Aufgaben der unterschiedlichen Bereiche untersucht worden. Diese Ergebnisse wurden in einer Auswahltabelle zusammengefaßt, wobei in dieser Auswahltabelle - wie auch in den noch folgenden Auswahltabellen - stellvertretend für die einzelnen Zeitermittlungsmethoden die Nummern aus der Zuordnung des **Bildes 4.10** verwendet werden. Die Eignung von Methoden nur für spezielle Aufgaben und Tätigkeiten eines Einsatzbereichs ist einerseits in den

Tabellen der Aufgaben- und Tätigkeitszuordnungen mit aufgenommen (vgl. **Bild 4.11**) und andererseits in der Auswahltabelle entsprechend gekennzeichnet. Mit Hilfe dieser Auswahltabelle kann beispielsweise die Anzahl möglicher Zeitermittlungsmethoden durch Überprüfung der Eignung für einsatzbereichsspezifische Aufgaben und Tätigkeiten im innerbetrieblichen Transport und im Lagerwesen dadurch eingegrenzt werden, daß nur diejenigen Methoden in die Lösungsmenge [Mehrfachauswahl] einbezogen werden, die für beide Einsatzbereiche geeignet sind (vgl. **Bild 4.12**).

	Aufgaben/Tätigkeiten	Zuordnung im Sinne des Auswahlverfahrens zu anderen Bereichen	Zuordnung im Sinne des Auswahlverfahrens zu weiteren Zeitermittlungsmethoden
Innerbetrieblicher Transport	- Be- und Entladen		8
	- Transport		8
	- Entladung		
	- Zählung	- Lagerwesen	
	- Wägung	- Lagerwesen	
	- Kommissionierung	- Lagerwesen	
	- Verwaltungstätigkeiten	- administrativer Bereich	

Bild 4.11: Ausschnitt der Aufgaben- und Tätigkeitszuordnungen

Einsatzbereichsspezifische Aufgaben/Tätigkeiten...	Zeitermittlungsmethoden																			
	1	2	3	4	5	6	7	8	9	10	11	12	13	14	15	16	17	18	19	20
im Vertrieb	◆	◇	◆	◇	◆	◆	◆	◇	◇	◇	◇	◇	◇	◇	◇	◇	◇	◆	◇	◇
in der Entwicklung	◆	◇	◆	◇	◆	◆	◆	◇	◇	◇	◇	◇	◇	◇	◇	◇	◇	◇	◇	◇
in der Konstruktion	◆	◇	◆	◇	◆	◆	◆	◇	◇	◇	◇	◇	◇	◇	◇	◇	◇	◇	◇	◇
in der Fertigungsvorbereitung	◆	◇	◆	◇	◆	◆	◆	◇	◇	◇	◇	◇	◇	◇	◇	◇	◇	◇	◇	◇
in der Fertigung	◆	◆	◆	◆	◆	◆	◆	◈	◆	◆	◆	◆	◆	◆	◆	◇	◆	◇	◆	◆
in der Fertigungssteuerung	◆	◇	◆	◇	◆	◆	◆	◇	◇	◇	◇	◇	◇	◇	◇	◇	◇	◈	◇	◇
→ im innerbetrieblichen Transport	◆	◆	◆	◆	◆	◆	◆	◈	◆	◆	◆	◆	◆	◆	◆	◇	◆	◇	◆	◆
→ im Lagerwesen	◆	◆	◆	◆	◆	◆	◆	◇	◆	◆	◆	◆	◆	◆	◆	◈	◆	◇	◆	◆
in der Qualitätssicherung	◆	◇	◆	◇	◆	◆	◆	◇	◇	◇	◇	◇	◇	◇	◆	◇	◇	◇	◇	◇
in der Qualitätskontrolle	◆	◈	◆	◈	◆	◆	◆	◇	◈	◈	◈	◈	◈	◈	◇	◆	◈	◇	◈	◈
in der geplanten Instandhaltung	◆	◈	◆	◈	◆	◆	◆	◇	◈	◈	◈	◈	◈	◈	◈	◇	◈	◈	◈	◈
in der schadensbed. Instandhaltung	◆	◇	◆	◇	◆	◆	◆	◇	◇	◇	◇	◇	◇	◇	◇	◇	◇	◇	◇	◇
im Versand	◆	◇	◆	◇	◆	◆	◆	◇	◇	◇	◇	◇	◇	◇	◇	◇	◇	◆	◇	◇
Mehrfachauswahl	X	X	X	X	X	X	X		X	X	X	X	X	X	X		X		X	X

Legende: ◆ geeignet; ◈ geeignet für Teilaufgaben und -tätigkeiten; ◇ wenig geeignet

Bild 4.12: Anwendung der Auswahltabelle "Einsatzbereichsspezifische Aufgaben und Tätigkeiten" im Rahmen eines Betriebsbeispiels

Bearbeitungsschritt 2:

Auswahl der Methoden mit Hilfe des Anwendungsgebietes

Zeiten werden für unterschiedliche Anwendungsgebiete ermittelt, die im Rahmen dieser Arbeit in folgende typische Anwendungsgebiete unterteilt werden (vgl. **Bild 4.13**). Die einzelnen Anwendungsgebiete stellen unterschiedliche Anforderungen an die Zeit, wobei die - von den Zeitdaten zu erfüllende - Genauigkeit (vgl. Kapitel 3.2) das Hauptkriterium darstellt. Die Genauigkeitsforderung wird genutzt, um in Abhängigkeit vom Anwendungsgebiet mögliche Zeitermittlungsmethoden bestimmen zu können. Das Ergebnis der Gegenüberstellung von Anwendungsgebieten zu Zeitermittlungsmethoden wurde unter Berücksichtigung des Einflusses erstmalig auftretender (geplanter) bzw. wiederkehrender (bestehender) Arbeitsvorgänge jeweils in eine Tabelle (vgl. Anhang) übertragen, so daß man die Methoden auswählen kann, die für ein oder auch mehrere Anwendungsgebiete geeignet sind. Im Rahmen des dargestellten Betriebsbeispiels wurden für die mittelfristige Termin- und Kapazitätsplanung anwendbare Zeitermittlungsmethoden ausgewählt (vgl. **Bild 4.13**).

Anwendungsgebiete bei wiederkehrenden Arbeitsvorgängen		Zeitermittlungsmethoden																			
		1	2	3	4	5	6	7	8	9	10	11	12	13	14	15	16	17	18	19	20
▶ Terminplanung ➡	kurzfristig	◆	◆	◇	◆	◇	◆	◆	◆	◆	◆	◆	◆	◆	◆	◆	◆	◆	◆	◆	◆
	mittelfristig	◆	◆	◇	◆	◇	◆	◆	◈	◈	◆	◆	◆	◈	◆	◆	◆	◆	◆	◈	◆
	langfristig	◆	◆	◆	◆	◆	◆	◆	◈	◈	◈	◈	◈	◈	◈	◈	◆	◈	◈	◈	◈
▶ Kapazitätsplanung ➡	kurzfristig	◆	◆	◇	◆	◇	◆	◆	◆	◆	◆	◆	◆	◆	◆	◆	◆	◆	◆	◆	◆
	mittelfristig	◆	◆	◇	◆	◇	◆	◆	◈	◈	◆	◆	◆	◈	◆	◆	◆	◆	◆	◈	◆
	langfristig	◆	◆	◆	◆	◆	◆	◆	◈	◈	◈	◈	◈	◈	◈	◈	◈	◈	◈	◈	◈
Personalplanung	kurzfristig	◇	◆	◇	◆	◇	◇	◇	○	◆	◆	◆	◆	◆	◆	◆	◇	◆	◆	◆	◆
	mittelfristig	◆	◆	◇	◆	◇	◆	◆	○	◈	◆	◆	◆	◈	◆	◆	◆	◆	◆	◈	◆
	langfristig	◆	◆	◇	◆	◇	◆	◆	○	◈	◆	◆	◆	◈	◆	◆	◆	◆	◆	◈	◆
Entlohnung		◇	◆	◇	◆	◇	◇	◇	○	◆	◆	◆	◆	◆	◆	◆	◇	◆	◆	◆	◆
Vorkalkulation		◆	◆	◇	◆	◇	◆	◆	◈	◈	◆	◆	◆	◈	◆	◆	◆	◆	◆	◈	◆
Nachkalkulation		◆	◆	◇	◆	◇	◆	◆	◆	◆	◆	◆	◆	◆	◆	◆	◆	◆	◆	◆	◆
Entscheidung: Eigen-/Fremderstellung		◆	◆	◇	◆	◇	◆	◆	◆	◈	◆	◆	◆	◈	◈	◆	◆	◆	◆	◈	◆
Investitionsplanung		◆	◆	◇	◆	◇	◆	◆	◆	◆	◆	◆	◆	◆	◆	◆	◆	◆	◆	◆	◆
Mehrfachauswahl		X	X		X		X	X			X	X	X		X	X	X	X	X		X

Legende:

- ◆ geeignet
- ◈ geeignet, wenn Ergebnis mit " ◆ " aus weiterem Anwendungsgebiet vorliegt
- ◇ wenig geeignet
- ○ nicht geeignet

Bild 4.13: Anwendung der Auswahltabelle "Anwendungsgebiete für Arbeitsvorgänge" im Rahmen eines Betriebsbeispiels (Tabellenausschnitt)

Bearbeitungsschritt 3:
Auswahl der Methoden mit Hilfe des Organisationsgrades

Die verschiedenen Zeitermittlungsmethoden stellen Bedingungen an den Grad der Organisation eines Unternehmensbereichs im Sinne von Mindestanforderungen (z.B. Detailliertheit der Beschreibung von Arbeitsabläufen) oder auch Höchstanforderungen (z.B. Grad der Auflösung von Tätigkeitsbeschreibungen), so daß der Organisationsgrad für eine Auswahl der Zeitermittlungsmethoden geeignet ist /vgl. HEINZ 89b, S. 55 ff./. Es muß allerdings der Grad der Organisation in jedem einzelnen Bereich, für den man Zeitermittlungsmethoden auswählen will, überprüft werden. Dies gilt nicht nur für Organisationsgradbestimmungen in direkten zu Organisationsgradbestimmungen in indirekten Bereichen; auch verschiedene indirekte Bereiche - z.B. Lager und Transport - können organisationsgradbezogen stark differieren. Für die Ermittlung des Organisationsgrades im Rahmen dieses Auswahlverfahrens werden zehn qualitativ beschriebene Einflußgrößen verwendet:

I Grad der Gestaltung des Arbeitsortes;

II Grad der Zuordnung von Aufgabenfunktion und Arbeitsmittel;

III Grad der Eigenständigkeit von Entscheidungen bei Arbeitspersonen;

IV Grad der Tätigkeitskonkretisierung;

V Grad der arbeitsaufgabenbezogenen Planung von Abläufen und Zeitpunkten;

VI Grad der Arbeitsweisen von Personen bei gleichen Arbeitsaufgaben;

VII Grad der Vorbereitungsmaßnahmen von zur Bearbeitung anstehenden Teilen oder Informationen;

VIII Grad der Zusatztätigkeiten zur Verarbeitung von Informationen;

IX Grad der motorischen Arbeitsausführungen;

X Grad der arbeitsbezogenen Lage von benötigten Hilfsmitteln.

Die Praktikabilität der jeweiligen Fallauswahl wird - wie Betriebsuntersuchungen gezeigt haben - durch das Zulassen von Tendenzaussagen der Form "die der betriebliche Gegebenheit spiegelt sich im Grenzbereich zwischen zwei Fällen wider" erhöht; für diese Tendenzaussagen ist jede Fallbeschreibung in "0" [Wiedergabe der betrieblichen Gegebenheit durch diesen Fall, wobei tendenziell der darüber niedrigere beschriebene Fall auch zu erkennen ist], "1" [Beschreibung eines Falls deckt sich mit den betrieblichen Gegebenheiten] und "2" [Wiedergabe der betrieblichen Gegebenheit durch diesen Fall, wobei tendenziell der darunter höhere beschriebene Fall noch zu erkennen ist] unterteilt.

Durch den Vergleich des betrachteten Unternehmensbereichs mit den Beschreibungen der Einflußgrößen konnten Zuordnungen zu speziellen Fällen durchgeführt werden, wie es in **Bild 4.14** exemplarisch dargestellt ist.

II		Grad der Zuordnung von Aufgabenfunktionen und Arbeitsmittel
A	1	keine Zuordnung der Aufgabenfunktionen zu den Stellen
	2	
B	0	Aufgabenfunktionen und Arbeitsmittel sind einer Gruppe zugeordnet, Zuteilungen innerhalb der Gruppe sind nicht geregelt
	1	
	2	
C	**0**	Aufgabenfunktionen und Arbeitsmittel sind einer Gruppe zugeordnet, Zuteilungen innerhalb der Gruppe sind geregelt
	1	
	2	
D	0	Aufgabenfunktionen und Arbeitsmittel sind einer Person zugeordnet
	1	

Bild 4.14: Anwendung einer Einflußgrößenbeschreibung im Rahmen eines Betriebsbeispiels

Zur Bestimmung des Wertes für den Organisationsgrad sind die Fallbeschreibungen jeder Einflußgröße mit Zahlenwerten belegt (s. Anhang). Diese Zahlenwerte ergeben additiv verknüpft und durch die Anzahl der betrachteten Einflußgrößen dividiert, den (Organisationsgrad-)Wert. Für die Auswahl der Methoden sind spezielle Wertebereiche für Organisationsgrade entwickelt worden. Die Anwendbarkeit der Zeitermittlungsmethoden in Abhängigkeit von diesen speziellen Wertebereichen für Organisationsgrade wurde ermittelt und graphisch dargestellt. Der Organisationsgradwert "3,2" stellte in dem hier betrachteten Betriebsbeispiel das Ergebnis der Untersuchung dar, so daß mit Hilfe des (Organisationsgrad-)Wertebereichs "2,3 - 3,6" die anwendbaren Zeitermittlungsmethoden bestimmt werden konnten (vgl. **Bild 4.15**).

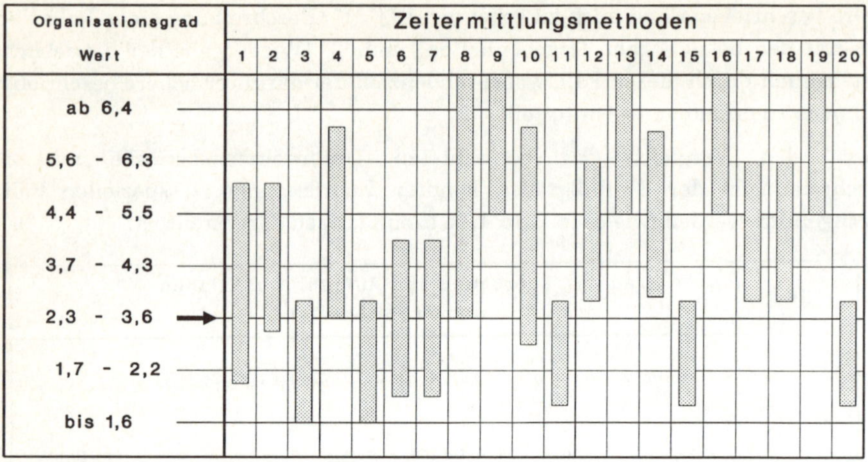

Bild 4.15: Anwendung der Methodenauswahl mit Hilfe der Organisationswerte im Rahmen eines Betriebsbeispiels

Bearbeitungsschritt 4:

Reduzierung der Auswahlmöglichkeiten der Methoden

Die Bearbeitungsschritte "Einsatzbereich", "Anwendungsgebiet" und "Organisationsgrad" schränken jeweils die Menge geeigneter Zeitermittlungsmethoden direkt ein. Die Zwischenauswertung in diesem Arbeitsschritt faßt die Einzelbetrachtungen der ersten drei Bearbeitungsschritte zusammen, indem die Zeitermittlungsmethoden herausgefiltert werden, die im Rahmen des betrachteten Betriebsbeispiels alle bisherigen Anforderungen erfüllen (vgl. **Bild 4.16**). Dadurch wird eine erste Aussage über die Effektivität der weiteren Vorgehensweise unter Beibehaltung der getroffenen Annahmen geliefert. Da neun Zeitermittlungsmethoden die Summe der gestellten Anforderungen erfüllen, ist keine Korrektur der getroffenen Annahmen nötig, um unter den vorgegebenen betrieblichen Randbedingungen eine geeignete - oder auch mehrere geeignete - Methode(-n) zu bestimmen.

Sollten aufgrund des Ergebnisses Alternativen durch Veränderung einzelner Annahmen in Erwägung gezogen werden, bietet sich dafür in erster Linie der Organisationsgrad des betrachteten Unternehmensbereichs an. Der "Einsatzbereich" und das "Anwendungsgebiet" sind unveränderliche Eingaben einer zielgerichteten Methodenauswahl. Der ermittelte "Organisationsgrad" kann dagegen, z.B. durch Gestaltungsmaßnahmen der Arbeitssysteme im betrachteten Unternehmensbereich, verändert werden.

Auswahlschritte	Zeitermittlungsmethoden 1	2	3	4	5	6	7	8	9	10	11	12	13	14	15	16	17	18	19	20
einsatzbereichsspezifische Aufgaben und Tätigkeiten	X	X	X	X	X	X	X		X	X	X	X	X	X	X		X		X	X
Anwendungsgebiet – erstmalig																				
Anwendungsgebiet – wiederkehrend	X	X		X		X	X			X	X	X		X	X	X	X	X		X
Organisationsgrad	X	X	X	X	X	X	X	X		X	X				X					X
Ergebnis	X	X		X		X	X			X	X				X					X

Bild 4.16: Zwischenauswertung bei der Methodenauswahl im Rahmen eines Betriebsbeispiels

Bearbeitungsschritt 5:
Auswahl der Methoden mit Hilfe (methoden-)beschreibender Kriterien

Qualitative Aussagen zu speziellen Eigenschaften von Zeitermittlungsmethoden, die sich nicht oder nur teilweise quantifizieren lassen, können mit Hilfe geeigneter Vorgehensweisen zur Bewertung und somit auch zur Auswahl von Zeitermittlungsmethoden beitragen. Da sich ein nutzwertanalytisches Verfahren für eine solche Problemstellung besonders eignet /vgl. ZANGEMEISTER 76/, wird eine Nutzwertanalyse in das Auswahlverfahren integriert.

Zur Durchführung dieser Nutzwertanalyse sind folgende Kriterien und teilweise Unterkriterien festgelegt worden:

❑ **Qualität der Zeitdaten**

Die Qualität der Zeitdaten unterliegt je nach verwendeter Methode unterschiedlichen Beeinflussungen, die sowohl von dem Datenermittler als auch von der Arbeitsperson ausgelöst werden können. Dabei sind generell verfälschte Zeitwerte bei der Anwendung einzelner Methoden ebensowenig auszuschließen wie die Beeinflussung und die Störung des Arbeitsablaufes. Aufgrund dieser unterschiedlichen Gesichtspunkte wurde das Kriterium "Qualität der Zeitdaten" in folgende Unterkriterien gegliedert:

- Beeinflussung durch den Datenermittler;

  entscheidend ist das Vorhandensein spezieller Anwendungsvorschriften und -regeln zur Reglementierung der Beeinflussungsmöglichkeit durch einen Datenermittler und dessen Ermessensspielraum für eine unbewußte persönliche Manipulation.

- Beeinflussung durch die Arbeitsperson;

  die Arbeitsperson kann bei einigen Methoden direkten Einfluß (z.B. beim Selbstaufschreiben von Daten) oder auch indirekten Einfluß (z.B. durch Verändern der Arbeitsablauffolge) nehmen.

- Beeinflussung der Arbeitsweise;

  durch Entstehen eines Kontrolleindrucks, durch Störung aufgrund der Anwesenheit des Datenermittlers aber auch durch das Wissen der Datenermittlung kann der Arbeitende ggf. seine Arbeitsweise für den zu bewertenden Arbeitsablauf ändern.

❑ **Personalqualifikation zur Bestimmung von Zeitdaten**

Die Personalqualifikation zur Bestimmung von Zeitdaten läßt sich prinzipiell in die Vorbereitungsphase, in die Datenermittlungsphase und in die Auswertungsphase unterteilen, wobei jeweils die notwendige Qualifikationsanforderung in diesen drei Unterkriterien vom hochqualifizierten, speziell ausgebildeten Zeitermittlungspersonal bis hin zur eingearbeiteten Hilfskraft reichen kann. Einige Methoden benötigen sogar einzelne Phasen wie die Vorbereitungs- oder die Auswertungsphase zur Zeitermittlung gar nicht.

❑ **Aufwand der Zeitdatenermittlung**

Der Aufwand der Methoden zur Bestimmung von Zeitdaten wird mit Hilfe der Unterkriterien Ermittlungsgeschwindigkeit, Personalbindung, Änderungsaufwand und Kombinierbarkeit mit anderen Methoden bewertet:

- Ermittlungsgeschwindigkeit;

  beschreibt den zeitlichen Aufwand einer Methode zur Ermittlung der Zeitdaten. Dazu wird eine Verhältniszahl gebildet; beispielsweise bedeutet eine Ermittlungsgeschwindigkeit von 1 : 300, daß einer Minute analysierter Zeit 300 Minuten Aufwand zur Ermittlung des Zeitdatums gegenüberstehen. In diesem Unterkriterium wird nur die manuelle Datenermittlung bewertet, da einerseits die rechnerunterstützten Ermittlungsgeschwindigkeiten nicht genau quantifizierbar sind, andererseits die Rechnerunterstützung noch in ein separates Kriterium einfließt.

- Änderungsaufwand;

  die Art der Korrekturmöglichkeiten der Zeitdaten bei z.B. geringfügigen Veränderungen der Arbeitsablauffolge mit Hilfe der Zeitermittlungsmethoden wird über den Umfang und den Aufwand der nötigen Änderung mit Hilfe dieses Unterkriteriums betrachtet.

- Kombinierbarkeit mit weiteren Methoden;

  die Kombinationsmöglichkeiten einer Zeitermittlungsmethode mit weiteren Mehoden gibt Aufschluß darüber, inwieweit man kombiniert Zeiten für häufige und wichtige Ablaufabschnitte und Zeiten für weniger wichtige Ablaufabschnitte ermitteln kann, wodurch sich i.a. der Ermittlungsaufwand für mehrere Ablaufabschnitte insgesamt gesehen reduzieren läßt.

❑ **Zeitdatenermittlung in der Planungsphase**

Der Einsatzbereich der Methoden wird durch die Bildungsmöglichkeit von Soll-Zeiten mit Einflußgrößen auf Basis der ermittelten Zeitdaten erweitert, da so auch in der Planungsphase Zeitdaten ermittelt werden können. Die Vorgehensweise zur Ermittlung des Zeittyps Soll-Zeit mit EFG auf Grundlage der Ergebnisse betrachteter Methoden steht im Mittelpunkt dieser Bewertung.

❑ **Arbeitsgestaltung mit Hilfe der Methode**

Eine Zeitermittlung sollte grundsätzlich erst nach einer Gestaltung des Arbeitssystems durchgeführt werden. Die Arbeitsgestaltung soll dabei Anregungen für die Neuentwicklung oder die Verbesserung von Arbeitsverfahren, Arbeitsmethoden und Arbeitsbedingungen sowie für die ablaufgerechte Gestaltung geben, um unter Beachtung menschengerechter Bedingungen und technisch-wirtschaftlicher Leistungsfähigkeit optimale Lösungen zu finden /vgl. MTM 81, S. 11-2/. Die Möglichkeit der Zeitermittlungsmethoden, schon in der Planungsphase Anregungen für die Arbeitsgestaltung zu geben, wird überprüft und bewertet.

❑ **Rechnerunterstützung**

Eine Unterstützung der Zeitdatenermittlung durch entsprechende EDV-Programme reduziert beispielsweise die Ermittlungsgeschwindigkeit der Methoden, verringert die Fehlermöglichkeiten der Auswertung und vereinfacht eine weitere Verarbeitung der Zeitdaten. Die Realisierungsform der Rechnerunterstützung (z.B. als Standardprodukt) wird bei der Bewertung betrachtet.

Die Eigenschaften der Methoden bezüglich der Kriterien und ggf. Unterkriterien wurden bewertet und die Erfüllungsgrade ermittelt (vgl. **Bild 4.17**). Dabei ist ein von HEINZ und OLBRICH - speziell auf die Belange der Auswahl von Zeitermittlungsmethoden abgestimmtes - Verfahren /HEINZ 89b, S. 64 ff./ eingesetzt worden. Eine individuelle, anwendungsfallbezogene Beurteilung wird bei der Nutzwertanalyse durch das Gewichten der Kriterien ermöglicht; die Unterkriterien gewichtet man wegen ihrer geringen Anzahl durch Abschätzen und die Kriterien mit Hilfe des paarweisen Vergleichs. Die Unterscheidung zwischen Gewichtungsfaktoren von Unterkriterien und Kriterien wird für die weitere Vorgehensweise durch Ermittlung eines gestuften Gewichtungsfaktors mit Hilfe eines Formblattes (vgl. Anhang) aufgehoben.

	Kriterien / Verfahren	Kriterium 4			Kriterium 5			Kriterium 6			Ergebnis	
		G_4	E_4	N_4	G_5	E_5	N_5	G_6	E_6	N_6	N_{ges}	Rang
1	Selbstaufschreibung		6	1,38		5	0,35		1	0,23	6,19	9
2	Multimoment-Zeitmeßverfahren		4	0,92		5	0,35		6	1,38	6,55	7
3	Befragen		4			1			1			
4	REFA-Zeitaufnahme		8	1,84		10	0,70		15	3,45	9,29	6
5	Globales Schätzen d. Vergleich		6			1			1			
6	Unterteiltes Schätzen d. Vergleich		6	1,38		1	0,07		1	0,23	10,70	5
7	Schätzen durch Vergleich mit ZK		6	1,38		1	0,07		1	0,23	6,35	8
8	Berechnen		18			14			6			
9	MTM-Grundverfahren		18			18			15			
10	MTM-Standarddaten	0,23	15	3,45	0,07	14	0,98	0,23	15	3,45	13,06	2
11	MTM-MEK		11	2,53		14	0,98		15	3,45	12,06	4
12	MTM-UAS		11			14			15			
13	WF-Grundverfahren		18			18			15			
14	WF-Schnellverfahren		15			14			15			
15	WF-Blockverfahren		15	3,45		14	0,98		15	3,45	13,14	1
16	WF-Mento-Compact		15			14			15			
17	Basic-MOST		11			14			15			
18	Clerical-MOST		11			14			15			
19	Mini-MOST		18			18			15			
20	Maxi-MOST		11	2,53		14	0,07		15	3,45	12,96	3

Bild 4.17: Rangfolgebildung der möglichen Methoden im Rahmen eines Betriebsbeispiels (Auszug aus den Erfüllungsgradtabellen)

Die einzelnen Nutzwerte können mit den Gewichtungsfaktoren durch Multiplikation mit den vorgegebenen Erfüllungsgraden der Zeitermittlungsmethoden ermittelt und zu Gesamtnutzwerten addiert werden, um die Rangfolge der Zeitermittlungsmethoden zu bilden.

Bearbeitungsschritt 6:
Auswahl mit Hilfe der Informationsblätter

Eine ergänzende Auswahlhilfe bieten die für jede Methode erstellten Informationsblätter (s. dazu Anhang). Durch komprimierte Informationen zu verschiedenen Leistungsmerkmalen ist ein abschließender, direkter Vergleich der ausgewählten Methoden möglich. Die Angabe des Ansprechpartners für den Datenerwerb soll die notwendige Kontaktaufnahme erleichtern.

Basic-MOST

Merkmale:

a) Ermittlungsgeschwindigkeit:		1:9
b) Zeitdatentyp:	- Ist-Zeit	
	- Soll-Zeit	
	- Soll-Zeit mit Einflußgrößen	X
c) Verwendung zur Zeitermittlung zukünftiger Arbeitsvorgänge:	- ohne weitere Aufbereitung	X
	- mit weiterer Aufbereitung	
d) Art der Arbeitsvorgänge:	- muskulär/sensomotorisch	X
	- reaktiv	
	- kombinativ/schöpferisch	
	- technologisch	(X)
e) Rechnerunterstützung	- realisiert	X
	- nicht realisiert	
f) Größe des Ablaufabschnittes:	- Vorgangselement	
	- Vorgangsstufe	X
	- Teilvorgang	X
	- Vorgang	

Datenerwerb:
H. B. Maynard and Company
235 Alpha Drive
USA-Pittsburgh

Bild 4.18: Informationsblatt der Zeitermittlungsmethode "Basic-MOST"

5 Verdichten von Zeitdaten

Die Verwendung von ermittelten Zeitdaten allein in der Ursprungsform ist gemäß den erarbeiteten Anforderungen des Kapitels 2.3 nicht anzustreben. "Um nicht von einer Datenlawine überrollt zu werden, ist eine Verdichtung der zeitwirtschaflichen Aussagen oberstes Gebot" /VOLKMER 87, S. 135/. Auch das Ziel, Zeitdaten für möglichst viele an der Auftragsabwicklung beteiligte Bereiche unter Einbeziehung ähnlicher, aber in der Regel nicht identischer Abläufe (z.B. bei kundenorientierter Produktion) bereitzustellen, erfordert die verdichtende Auswertung einmal erfaßter Zeitdaten. Diese Anforderung wird durch das Bilden von Planzeiten und weiterführend von Zeitbausteinstrukturen erfüllt. Das Verdichten von Zeitdaten zur Vorbereitung von Entscheidungsfindungen (vgl. Kapitel 2.2.3) beinhaltet dagegen nicht die für ähnliche Abläufe mögliche Wiederverwendbarkeit, sondern die konzentrierte Form der Informationsdarstellung auf Basis von Zeitdaten, wie sie beispielsweise durch Kennzahlenbildung ermöglicht wird.

5.1 Bilden von Planzeiten

Schon GILBRETH erkannte die Vorteile, ermittelte Zeitdaten für wiederkehrende Ablaufabschnitte ein für allemal so zu beschreiben und zu klassifizieren, daß ihr Zeitwert jederzeit schnell wiederaufzufinden ist. Dieser Auffassung schloß sich der Reichsausschuß für Arbeitszeitermittlung (REFA) an, fixierte die Ermittlung solcher Zeitdaten als Aufgabenschwerpunkt und führte den Begriff "Planzeiten" - definiert als "Sollzeiten für bestimmte Ablaufabschnitte, die mit Hilfe von Einflußgrößen beschrieben sind" /MLA 78, S. 351/ - ein.

Diese Begriffsbestimmung ist noch insofern ergänzungsfähig, als daß es sich bei den Einflußgrößen um variable (d.h. in die funktionale Beschreibung der Zeit einfließende) und signifikante (d.h. mit wesentlichem Einfluß auf die Zeit für dessen Ausführung beschriebene) Einflußgrößen handelt. Konstante Einflußgrößen fließen in die Rahmenbedingungen der Planzeiten ein, und nicht signifikante Einflußgrößen werden wegen ihres geringen Einflusses auf die Zeit vernachlässigt.

Das Bilden von Planzeiten ist grundsätzlich für Aufgaben und Tätigkeiten in direkten und indirekten Bereichen möglich, wobei Einschränkungen formal nicht existieren. Für Planzeitbildung in indirekten Bereichen existiert eine Vorgehensweise, bei der die Planzeitformel mit Hilfe (selbstaufgeschriebener) Ist-Zeiten und Einflußgrößen mittels Regression gebildet werden /vgl. KLAUS 92, S. 43/. Sobald man jedoch für reaktive und insbesondere für kreative Tätigkeiten Planzeiten bilden will, kann die Planzeitbildung, bedingt durch die verwendbaren Methoden der Zeitdatenermittlung und der davon abhängigen Genauigkeit (vgl. Kapitel 3.2), Einschränkungen unterliegen.

Für das Berechnen mit den (Prozeßzeit-)Formeln (vgl. Kapitel 4.1) und in den Tabellen der SvZ-Verfahren werden Einflußgrößen zur Ermittlung der Soll-Zeit verwendet. Somit sind diese Methoden gemäß der Begriffsbestimmung als Funktion bzw. in Tabellenform dargestellte Planzeiten. Die weitere Verdichtung von Planzeiten ist Inhalt des Kapitels 5.2 und wird an dieser Stelle nicht weiter betrachtet.

Für die Bildung von Planzeiten ist grundsätzlich der funktionale Zusammenhang der Soll-Zeiten von der oder den Einflußgröße(-n) von Bedeutung. Dieser funktionale Zusammenhang kann durch eine graphische oder rechnerische Verdichtung auf Basis mehrerer Soll-Zeiten mit unterschiedlichen Einflußgrößen ermittelt werden. Graphisch wird der Zusammenhang mit Hilfe einer Ausgleichskurve beschrieben, wobei aus Praktikabilitätsgründen i.a. nur eine Einflußgröße berücksichtigt wird. Rechnerisch wird die Ermittlung des funktionalen Zusammenhangs mit Hilfe der Regressionsanalyse, deren Prinzip darauf beruht, Zeitdaten in Abhängigkeit der Einflußgrößen durch eine mathematische Ausgleichsfunktion bestmöglich zu beschreiben durchgeführt. Eine formale Begrenzung der Einflußgrößenanzahl oder eine Beschränkung auf spezielle Funktionen besteht nicht, wie auch die verschiedenen Teilgebiete der Regressionsanalyse - dargestellt in **Bild 5.1** - zeigen.

Typ der Ausgleichsfunktion	Anzahl der Einflußgrößen	
	1	>1
linear	einfache lineare-Regression	mehrfache lineare-Regression
nicht linear	einfache nicht-lineare Regression	mehrfache nicht-lineare Regression

Bild 5.1: Teilgebiete der Regressionsanalyse

Bei der Regressionsanalyse können verschiedene Tests zur Überprüfung der verwendeten Zeitdaten und der ermittelten Regressionsfunktion durchgeführt werden. Das Bestimmtheitsmaß "B" als statistisches Gütemaß kann beispielsweise ebenso ermittelt werden wie die Korrelationsmatrix der Einflußgrößen und des Zielwertes.

Bei der manuellen Ermittlung von Planzeiten beschränkt man sich aufgrund des hohen zeitlichen Aufwands auf die graphische Auswertung und auf die rechnerische Auswertung der einfachen linearen Regression, wodurch die funktionale Beschreibung die Beziehung zwischen Soll-Zeit und Einflußgröße nur im Sonderfall des annähernd einfach linearen Zuammenhangs gut wiedergegeben wird. Die bisher eher gering anzusehende Ermittlung und Verwendung von Planzeiten ist u.a. darin zu sehen, daß manuell - außer dem Sonderfall der einfachen linearen Regression - die Planzeitermittlung nicht wirtschaftlich durchzuführen ist (vgl. Kapitel 4.3). Mittlerweile gibt es Rechnerprogramme, die die dargestellten Teilgebiete der Regressionsanalyse zur Ermittlung von Planzeiten und deren Überprüfung berücksichtigen, wobei zum Teil auf Zeitdaten, die schon rechnerunterstützt ermittelt wurden, zurückgegriffen werden kann (vgl. Kapitel 4.2.1).

5.2 Bilden von Zeitbausteinen

Zeitdaten werden je nach Anwendungsgebiet (vgl. Kapitel 3.1) in unterschiedlichen Detaillierungsgraden benötigt; beispielsweise werden Zeitdaten zu Entlohnungszwecken im Regelfall die zeitliche Dauer einer Tätigkeit auf dem Komplexitätsniveau von Vorgangsstufen oder Teilvorgängen wiedergeben, wogegen für eine langfristige Terminplanung die zeitliche Dauer von Tätigkeiten im Bereich von Teil- oder Gesamtabläufen einzuordnen ist.

Betrachtet man die Gliederung der Tätigkeitskomplexität (vgl. **Bild 5.2**), so kann festgestellt werden, daß eine systematische Verdichtungs- bzw. auch Verzweigungsstruktur in dieser Gliederung besteht, die auch für die Bildung von Zeitbausteinen verwendbar ist.

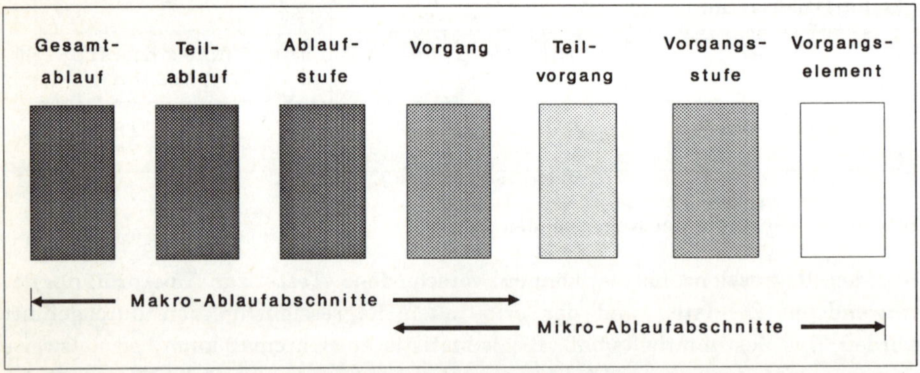

Bild 5.2: Gliederung der Komplexität von Tätigkeiten /MLBO 91a, S. 43/

Zeitbausteine sind Zeitdaten für Arbeitsabläufe, die aus den Zeitdaten der in diesem Ablauf enthaltenen Elemente niedrigeren Komplexitätsgrades zusammengesetzt werden. Der Zeitbausteinbegriff verdeutlicht dabei die Möglichkeit einer bausteinartigen Verdichtung /OBENAUF 86, S. 41/.

Ein großer Anwendungsbereich für Zeitbausteine ist die Verdichtung von Zeitdaten der Systeme vorbestimmter Zeiten zu neuen, höherverdichteten SvZ-Verfahren. Die verdichteten SvZ-Verfahren sind mit Hilfe der überbetrieblich anwendbaren Grundverfahren (bei MTM und WF Zeitdaten für eine Tätigkeit der Komplexität "Vorgangselement") durch Zusammenfassen mehrerer Elemente zu höher verdichteten Elementen (Zeitbausteinen) entwickelt worden. Beispielsweise ist das Element "Aufnehmen" des verdichteten MTM-Verfahrens "Basiswerte" durch Zusammenfassen der MTM-Grundverfahrenselemente "Hinlangen, Greifen und Loslassen" bei gleichzeitiger Reduzierung der Einflußgrößen als verdichteter Zeitbaustein entstanden.

Obwohl die SvZ-Verfahren für die Bildung von Zeitbausteinen geradezu "ideal" geeignet sind, wird dadurch die Zeitbausteinbildung mit Zeitdaten anderer Zeitermittlungsmethoden nicht grundsätzlich ausgegrenzt. Im Kapitel 5.1 wird die Bildung von Planzeiten, die formal mit SvZ-Daten gleich zu setzen sind, beschrieben. Zeitbausteine können grundsätzlich auch mit Hilfe von Ist-Zeiten gebildet werden; diese haben jedoch in der Praxis wegen der relativ seltenen Verwendung eine untergeordnete Bedeutung. In der Regel werden nur Zeitbausteine mit Soll-Zeiten entwickelt, wofür OBENAUF eine sechsstufige Methodik beschreibt /OBENAUF 86, S. 59/.

Im Gegensatz zur zeitlichen Bewertung einer Tätigkeit mit Hilfe einer Planzeit können bei der Verwendung von Zeitbausteinen die gestellten Genauigkeitsanforderungen (vgl. **Bild 3.4**) dadurch erfüllt werden, daß die - bezüglich der zeitlich zu bewertenden Tätigkeit - wenigstens eine Komplexitätsstufe niedriger angeordneten und - für einen speziellen Anwendungsfall - zusammengesetzten Zeitbausteine individuelle Einzelgenauigkeiten haben dürfen, die die geforderte Genauigkeit (noch) nicht erreichen. Der Grund dafür ist in dem Fehlerausgleich der einzelnen unterschiedlichen Zeitbausteine, die für eine Zeitermittlung verwendet werden, und im Fehlerausgleich durch die Verwendungshäufigkeit der einzelnen Zeitwerte bezogen auf einen Zeitraum, der die Grundlage der Genauigkeitsbetrachtung darstellt, zu sehen /vgl. OBENAUF 1986, S. 54 ff./. Somit kann festgestellt werden, daß die Zeiten pro Betrachtungszeitraum um so genauer sind, je länger der zu analysierende Ablauf dauert (vgl. **Bild 5.3**), je mehr unterschiedliche Tätigkeiten innerhalb eines Ablaufs und je mehr unterschiedliche Abläufe im Betrachtungszeitraum anfallen /vgl. JOHN 87, S. 62/.

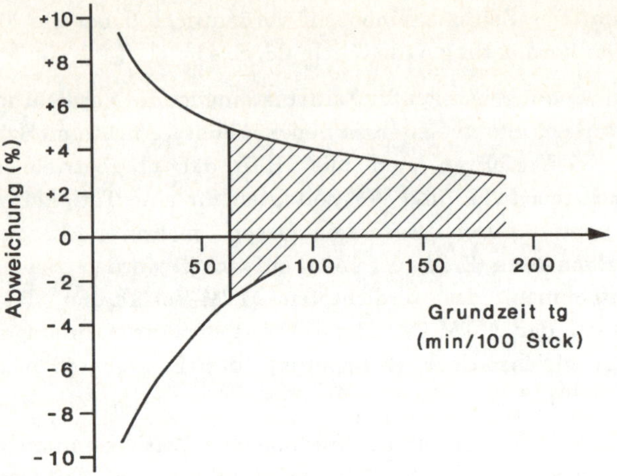

Bild 5.3: Abweichung der MTM-Basiswerte gegenüber den entsprechenden MTM-Grundverfahrensanalysen /MTM 75, S. 1.4-1/

Die Bildung und die Aktualisierung von Zeitbausteinen und deren Verdichtungsstrukturen sollten wegen der schnell anwachsenden Komplexität nur rechnerunterstützt durchgeführt werden. Da diese Art der Rechnerunterstützung denen der SvZ-Verfahren entspricht, wird an dieser Stelle auf das Kapitel 4.2.2 verwiesen.

5.3 Bilden von Kennzahlen

Trotz großer Datenmengen fehlt es vielfach an einer, dem Entscheidungsproblem angepaßten Unterrichtung der Entscheidungsträger. Unternehmensbereiche selbst liefern sehr detaillierte Daten. Diese Daten in konzentrierter, verdichteter Form als Kennzahlen und insbesondere Kennzahlensysteme, die aus mehreren miteinander verknüpften Kennzahlen bestehen, stellen ein effizientes Instrument zur Entscheidungsfindung dar /vgl. SIEPER 88, S. 9/. Kennzahlensysteme lassen sich aufgrund unterschiedlicher Merkmale wie "Stellung im betrieblichen System" oder "betriebliche Funktion" klassifizieren (vgl. **Bild 5.4**).

Kennzahlen sind Verhältniszahlen, wobei absolute Zahlen zu anderen, die mit ihnen in kausalem Zusamenhang stehen, in Relation gesetzt werden. In der neueren Literatur wird dieser Begriff teilweise umfassender gesehen; es werden - neben den Verhältniszahlen - auch aus Einzelzahlen zusammengesetzte Absolutzahlen mit dem Kennzahlenbegriff belegt /vgl. FILZ 89, S. 32/. Die

Absolutzahlen sind - bezogen auf Zeitdaten - die im Kapitel 5.2 beschriebenen Zeitbausteine.

Merkmal	Klassifikation von Kennzahlen			
Stellung im betrieblichen System	Zielsysteme	Entscheidungssysteme	Kommunikationssysteme	Kontrollsysteme
Methode der Entwicklung	induktiv abgeleitete Kennzahlensysteme		deduktiv abgeleitete Kennzahlensysteme	
zeitliche Dimension	Kennzahlensysteme mit Soll-Zahlen (Planungssysteme)		Kennzahlensysteme mit Ist-Zahlen (Kontrollsysteme)	
betriebliche Funktion	Vertrieb	Produktion	Personalwesen	Rechnungswesen
Orientierung an der Verwendung	Analyse-Kennzahlensysteme		Steuerungs-Kennzahlensysteme	

Bild 5.4: Ansatz zur Klassifikation von Kennzahlensystemen /vgl. FILZ 89, S. 35/

Mit Hilfe von Zeitdaten wurden schon lange Kennzahlen wie beispielsweise die Zeitgrade gebildet /vgl. MLA 1978, S. 432 ff./. GLATZ mißt der Kenngröße "Zeit" eine hohe Bedeutung zur Bildung aussagefähiger Kennzahlen bei, wenn die Zeitwirtschaft qualifiziert geführt wird /GLATZ 86, S. 221/. Nur unter der Voraussetzung einer qualifiziert geführten Zeitwirtschaft sollten folgende "Kennzahlen der Zeitwirtschaft" abgeleitet und als Führungsgrößen verwendet werden /vgl. BUSCH 90, S. 8/:

- Anwesenheitsgrad = Anwesenheitsstunden / theoretische Einsatzzeit.

- Leistungslohngrad = Arbeitsstunden mit Vorgabezeit / theoretische Einsatzzeit.

- Zeitgrad = Vorgabezeit / Ist-Zeit.

- Beschäftigungsgrad = (Fertigungszeit + Zeit für Sondertätigkeiten) / theoretische Einsatzzeit.

- Verrichtungsgrad = Zeit für das Verrichten / Auftragszeit.

- Überwachungsgrad = Zeit für das Überwachen / Auftragszeit.

- Rüstgrad = Rüstzeiten / Auftragszeiten.

- Hauptnutzungsgrad = Hauptnutzungszeit / theoretische Einsatzzeit.

- Gesamtnutzungsgrad = (Haupt- + Nebennutzungs- + Unterbrechungszeit) / theoretische Einsatzzeit.

- Programmnutzungsgrad = Programmlaufzeit / theoretische Einsatzzeit.

- Arbeitsflußgrad = Fertigungszeit / Durchlaufzeit.

- Durchlaufzeitfaktor = Auftragsdurchlaufzeit / Fertigungszeit.

Die Bildung aktueller Kennzahlen ist schon aufgrund der zu verarbeitenden Datenmengen manuell nicht wirtschaftlich durchführbar /vgl. HACKSTEIN 80, S. 123/. Für die rechnerunterstützte Kennzahlenbildung bieten sich einerseits moderne Datenbanken, die mit Hilfe benutzerfreundlicher Programmiersprachen (z.B. SQL) die gespeicherten Daten zu Kennzahlen verdichten, an, andererseits existieren auch spezielle EDV-Programme wie MIS und EIS (vgl. Kapitel 2.2.3), die für den Aufbau eines Kennzahlensystems geeignet sind.

6 Bewirtschaften von Zeitdaten

"Der Bewirtschaftung der Zeit kommt eine große Bedeutung zu" /BECKS 90a, S. 1/. Der Schwerpunkt dieser Aussage liegt primär auf dem Wort "Bewirtschaftung" und verdeutlicht die Aufgabe, Zeitdaten nicht nur zu ermitteln, sondern zu bewirtschaften; dieses Aufgabengebiet wird im folgenden Zeitwirtschaft genannt. Aufgrund von umfangreichen Literaturrecherchen und Expertenbefragungen kommt WEIL zu der Feststellung, daß in der Fachwelt der Inhalt und die Bedeutung der Zeitwirtschaft nicht eindeutig bestimmt ist /WEIL 86, S. 22/. SPÖRRI schreibt, daß die Meinung zur Zeitwirtschaft zweigeteilt ist; einerseits verursacht der Aufbau und die laufende Pflege einer Zeitwirtschaft viel zu hohe Kosten, andererseits ist eine aktuelle Zeitwirtschaft ein ausgezeichnetes Hilfsmittel zur Entscheidungsfindung im Unternehmen /SPÖRRI 85, S. 2/. Die unterschiedlichen Darstellungen zum Begriff der Zeitwirtschaft sowie deren Bedeutung und deren Gestaltung bedürfen einer näheren Betrachtung, die im folgenden durchgeführt wird.

6.1 Begriff der Zeitwirtschaft

Der Begriff "Zeitwirtschaft" wird vielfältig z.B. für Kapazitätsterminierung, (Vorgabe-)Zeitermittlung oder Terminierung verwendet. Dies unterstreicht die Aussage von HEINZ, der aus seiner Sicht die fälschlicherweise synonyme Verwendung von Zeitwirtschaft sowie Termin- und Kapazitätsplanung im Rahmen der Produktionsplanung und -steuerung feststellt /HEINZ 90c, S. 5/.

Nach der Auffassung von BUSCH sind mit dem Begriff Zeitwirtschaft "alle Aktivitäten zur Erfassung, zur Verwendung und zur Auswertung von Zeitdaten" verbunden /BUSCH 90, S. 1/ und DORNER verbindet mit diesem Begriff die "zweckorientierten" Aktivitäten zur Bereitstellung "zuverlässiger" Zeitdaten /DORNER 90, S. 3/. In eine ähnliche Richtung argumentiert auch BECKS; er beschreibt den Begriff Zeitwirtschaft wie folgt: "Zeitwirtschaft wird als Gesamtheit aller betrieblichen Maßnahmen zur Ermittlung und Verwendung von Soll-Zeiten, zur Erfassung von Ist-Zeiten sowie zur Impulsgebung und Einleitung arbeitswissenschaftlicher Maßnahmen aufgrund der Analyse von Soll- / Ist-Zeiten-Abweichungen bezeichnet" /BECKS 90a, S. 1/.

Die "Organisationsoptimierung durch verbesserte Planung und Steuerung der Arbeitssysteme mit Hilfe der Meßgröße Zeit" versteht ZANDER unter dem Begriff Zeitwirtschaft /ZANDER 88, S. 7/. Den Optimierungsgedanken greift auch HEINZ auf, wenn er sagt, daß es sinnvoll und praxisgerecht ist, "im Rahmen einer sachgerechten und zeitgemäßen Zeitwirtschaft über die Zeit Erträge oder Leistungsmengen und Aufwand beziehungsweise Kosten zu planen, zu erfassen und zu untersuchen, um letztendlich eine Optimierung gemäß den Unternehmenszielen zu erreichen" /HEINZ 90c, S. 2/. Von einer Zeitwirtschaft für alle Unternehmensbereiche - einer umfassenden Zeitwirtschaft - spricht WILLENBACH und verwendet dafür den Begriff "Zeitmanagement" /WILLENBACH 91, S. 7/.

Diese Aussagen widersprechen sich nicht, sondern enthalten wichtige Aspekte, die für die Begriffsbestimmung verwendet werden:

> **Zeitwirtschaft** bedeutet, betriebliche zeitbezogene Maßnahmen zeitgemäß und sachgerecht durchzuführen, damit eine zuverlässige Führungsgröße Zeit bereitgestellt werden kann. Zu diesen betrieblichen Maßnahmen zählen das zweckorientierte Planen, Verwenden und Kontrollieren von Zeitdaten aller Unternehmensbereiche sowie - aufgrund der Analyse von Abweichungen - die Einleitung durchzuführender Maßnahmen zur Erreichung der Unternehmensziele.

6.2 Bedeutung der Zeitwirtschaft

Aus der Begriffsbestimmung wird deutlich, daß die Zeitwirtschaft zur Erreichung von Unternehmenszielen benötigt wird und somit für ein Unternehmen eine zentrale bzw. hohe Bedeutung hat /vgl. BUSCH 90, S. 3; WILLENBACH 91, S. 4; OLBRICH 92, S. 448/.

Zeitwirtschaft ist ein wichtiges Mittel der Unternehmensführung zur Ermittlung von Zeitdaten für Planungsaufgaben und für die Auftragsdurchführung /BECKS 90, S. 2/, zur Einsatzentscheidung insbesondere kostenintensiver Arbeitssysteme /HECKMANN 90, S. 5/ und zur Einführung oder Aufrechterhaltung eines leistungsbezogenen Entlohnungssystems /BUSCH 90, S. 19/. Die Bedeutung der Zeitwirtschaft wird durch die Erfahrungen von WITTE, der in indirekten Bereichen durch eingesetzte Zeitwirtschaft und dadurch mögliche Leistungsvorgaben eine Produktivitätssteigerung von 10 bis 15 Prozent festgestellt hat, verdeutlicht /WITTE 91, S. 37/. Trotz dieser Feststellungen ist es "in den vergangenen Jahren um die Zeitwirtschaft ruhig geworden" /HEINZ 90c, S. 1/.

Letztendlich kann das nur den Folgeschluß zulassen, daß trotz der erkannten Bedeutung die Zeitwirtschaft mit einem "Negativimage" behaftet sein muß, was durch die Auflistung der aktuellen Probleme von Betrieben mit einer Zeitwirtschaft untermauert wird (vgl. **Bild 6.1**).

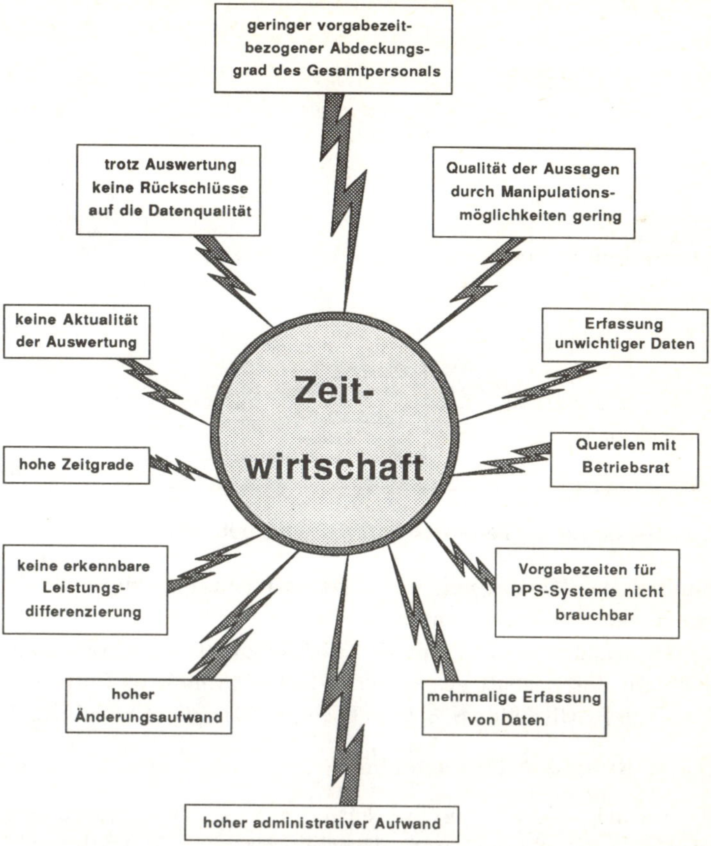

Bild 6.1: Zeitwirtschaft im Kreuzfeuer /in Anlehnung an BECKS 90b, S. 4/

Daß die Zeitwirtschaft im Kreuzfeuer der Kritik steht, verdeutlicht BELINO; er stellt fest, daß in Unternehmen im Zuge von Gemeinkostenabbau in der Verwaltung der Personalbestand in der Zeitwirtschaft reduziert wird /BELINO 90, S. 1 ff./. Zum Personalabbau in der Zeitwirtschaft kommt es häufig, wenn die Entscheidungsträger vor dem Aufwand zur Reaktivierung einer nicht mehr aktuellen Zeitwirtschaft zurückschrecken, daraufhin solche Projekte nicht mehr ausführen und die Gemeinkosten durch Personalabbau in der Zeitwirtschaft reduzieren wollen. Durch eine solche Entscheidung gerät man in den "Teufelskreis der Zeitwirtschaft" (vgl. **Bild 6.2**).

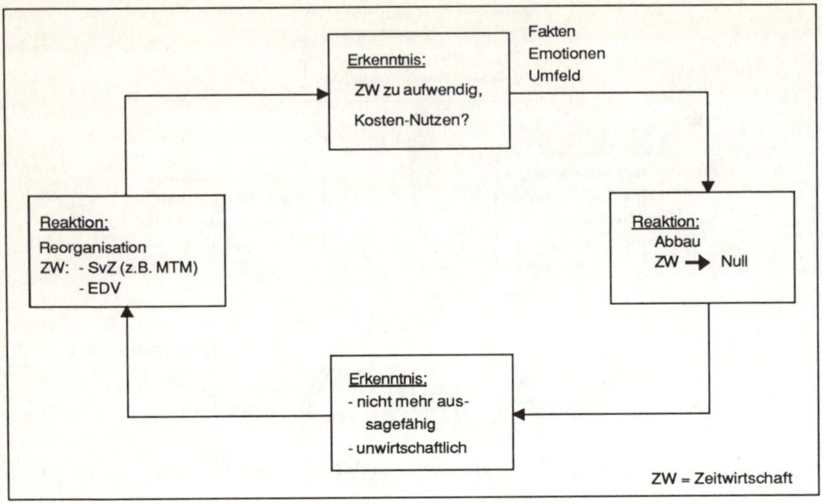

Bild 6.2: Teufelskreis der Zeitwirtschaft /BECKS 90b, S. 5/

Lösen kann sich das Management aus diesem Kreislauf nur durch die Einsicht, daß die Notwendigkeit des Instrumentariums für eine umfassende und funktionierende Zeitwirtschaft erkannt wird und die Entwicklung dieses Instrumentariums unterstützt sowie die Bereitschaft gezeigt wird, Zeitwirtschaft als Führungsinstrument einzusetzen /vgl. BECKS 90b, S. 6; GLATZ 86, S. 291; PORNSCHLEGEL 87, S. 17./.

6.3 Gestaltung der Zeitwirtschaft

Die Zeitwirtschaft besteht im wesentlichen aus den Funktionen "Planen", "Verwenden", "Kontrollieren" und "Durchführen von Maßnahmen", die durch Informationsflüsse miteinander verbunden sind, und stellt somit ein dynamisches System dar /vgl. DAENZER 89, S. 14/. Kehrt ein solches System durch Rückkopplung wieder in den Zustand des Gleichgewichts zurück, wenn es durch eine Störung aus dem Gleichgewicht gebracht wurde, so handelt es sich um ein stabiles System /vgl. DAENZER 89, S. 247/. Das System "Zeitwirtschaft" berücksichtigt zur Lenkung und zur Informationsverarbeitung neben quantitativ erfaßbaren Eigenschaften auch qualitativ erfaßbare Eigenschaften und zählt daher nicht zu den rein technisch orientierten Systemen. Für die Darstellung eines solchen Systems bietet sich der Regelkreis mit Störgrößenaufschaltung an /vgl. HACKSTEIN 85, S. 31 ff./.

Die Zeitwirtschaft besteht somit aus einer Funktionskette betrieblicher Informationsprozesse, wobei kein Element des Regelkreises verzichtbar ist, wenn die Zeitwirtschaft u.a. auch auf die Qualität der Organisation optimierend wirken soll. Dieser Ansatz - Zeitwirtschaft als Regelkreis zu beschreiben - wird mittlerweile auch auf breiter Front diskutiert /vgl. BECKS 90a, S. 1; EVERSHEIM 89b, S. 39; HEINZ 90c, S. 2; OLBRICH 91, S. 4; WILLENBACH 91, S. 7; ZANDER 88, S. 9/.

Beispielhaft werden im **Bild 6.3** zwei Regelkreismodelle für die Zeitwirtschaft vorgestellt, wobei es sich im einzelnen um das vielfach zitierte Modell von BECKS und um das - mehr an der Regelungstechnik orientierte - Modell von VOLKMER handelt.

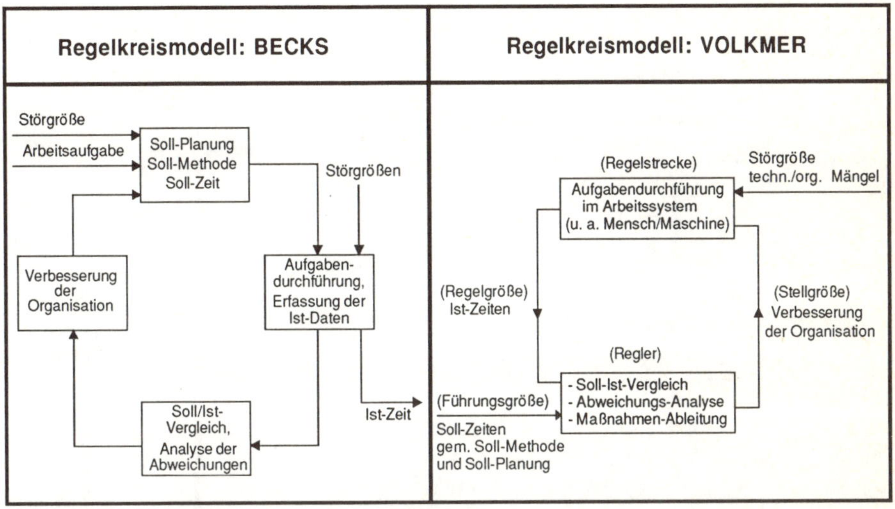

Bild 6.3: Regelkreismodelle von BECKS /90a, S. 1/ und VOLKMER /87, S. 133/

Diese Regelkreismodelle, die schon den Inhalt der Begriffsbestimmung "Zeitwirtschaft" (vgl. Kapitel 6.1) widerspiegeln, dienen dem Verfasser als Grundlage zur Entwicklung des in **Bild 6.4** dargestellten Regelkreismodells.

Als Eingabeinformation in diese Regelkreise kann die Arbeitsaufgabe angesehen werden. Für die Arbeitsaufgabe werden die verwalteten Zeitdaten zur Ermittlung einer Vorgabezeit gemäß Soll-Methode und -Planung verwendet. Auf Grundlage dieser Vorgaben erfolgt im Arbeitssystem die Durchführung der Arbeitsaufgabe und parallel dazu die Erfassung der Ist-Zeit, die anschließend überprüft wird. Diese Überprüfung ist u.a. vor dem Hintergrund des durchzuführenden Vergleichs "Soll-Zeit / Ist-Zeit" von Bedeutung, damit mögliche Differenzzeitwerte nicht durch fehlerhafte Rückmeldungen der fertigen Aufträge bzw. der benötigten Ist-Zeiten für die Durchführung dieser Aufträge entstehen. Fehlerhafte Rückmeldungen können z.B. durch nachträgliche Fertigmeldung eines oder mehrerer Aufträge entstehen. Der Vergleich des - bezogen auf die Vorgabezeit der Aufträge - rückgemeldeten Aufwird dann einerseits zur betrieblichen Weiterverwendung - wie etwa zu Entlohnungs- oder Kalkulationszwecken - benutzt, andererseits zur Differenzwertermittlung auf Basis der vorgegebenen Soll-Zeit von der erfaßten Ist-Zeit herangezogen.

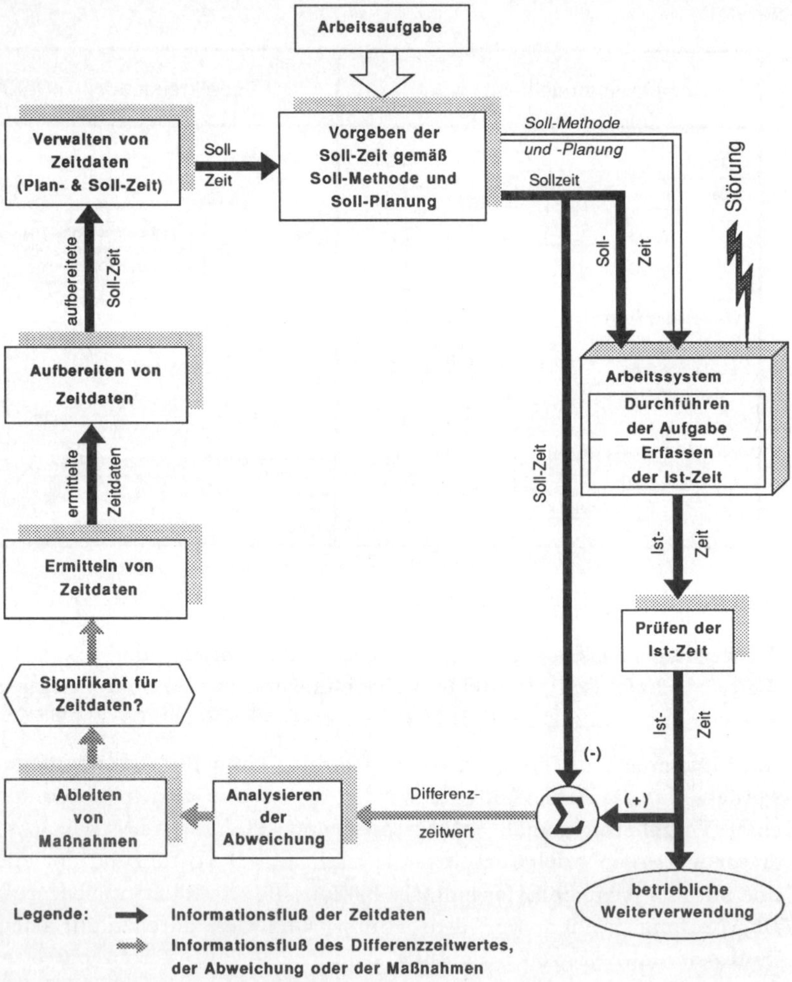

Bild 6.4: Regelkreismodell Zeitwirtschaft

Im Rahmen der Differenzwertermittlung muß gewährleistet werden, daß aus der Menge der rechnerischen - zum Teil minimalen - Abweichungen die signifikanten Abweichungen herausgefiltert werden. Dazu bietet sich die Verwendung eines Grenzwertes an, der die Differenz der erfaßten Ist-Zeit zur vorgegebenen Soll-Zeit in Relation zur vorgegebenen Soll-Zeit setzt. Ein solcher Wert kann unabhängig von der vorgegebenen Zeitlänge die (relative) Genauigkeit der Soll-Zeiten vergleichbar machen und ermöglicht - je nach Anforderung - eine grobe oder auch feine Filterung der weiter zu betrachtenden Differenzzeitwerte.

Ein signifikanter Differenzzeitwert zur vorgegebenen Soll-Zeit muß anschließend einer Analyse unterzogen werden, um gegebenenfalls Maßnahmen durchzuführen. Dabei gilt es zu klären, ob die festgestellte Abweichung z.B. aufgrund von Problemen wie verspätete Bereitstellung von Materialien oder aber durch Änderungen im Arbeitssystem entstanden ist. Dementsprechend sind organisatorische und / oder technische Maßnahmen zu ergreifen. Solche Maßnahmen können z.B. von der Gestaltung eines Arbeitsplatzes oder der Verbesserung des Materialflusses, über die Investition in Betriebsmittel bis zur Veränderung der Ablauforganisation reichen.

Führen diese Maßnahmen zu Änderungen, die sich zeitrelevant auf die Zeitdaten zur Vorgabezeitermittlung auswirken, so bedarf es einer Korrektur oder auch Neuermittlung der entsprechenden Zeitdaten mit Hilfe der Zeitermittlungsmethoden im Rahmen des Zeitstudiums. Verbunden mit der Aufbereitung der ermittelten Zeitdaten existieren Soll-Zeiten bzw. Soll-Zeiten mit EFG, um auf richtige Zeitwerte für zukünftige Arbeitsaufgaben zugreifen zu können. Die neu ermittelten Zeitdaten werden verwaltet, damit gewährleistet ist, daß diese - und nicht die bisher verwendeten - Soll-Zeiten zur Vorgabezeitermittlung für eine neue Arbeitsaufgabe zur Verfügung stehen.

Im Rahmen dieser Arbeit wurde bisher von dem Regelkreismodell "Zeitwirtschaft" gesprochen. Zeitdaten für alle Betriebsbereiche zur Verfügung zu stellen (vgl. Kapitel 6.1), kann letztendlich nur bedeuten, daß viele Regelkreise für die Zeitwirtschaft aufgebaut werden müssen, die je nach Verwendungszweck z.B. strategisch, dispositiv oder operativ ausgerichtet sind (vgl. **Bild 6.5**). Dadurch werden grundsätzlich auch die Forderungen, die an ein zeitgemäßes, umfassendes Informationssystem (vgl. Kapitel 2.3) gestellt werden, erfüllt.

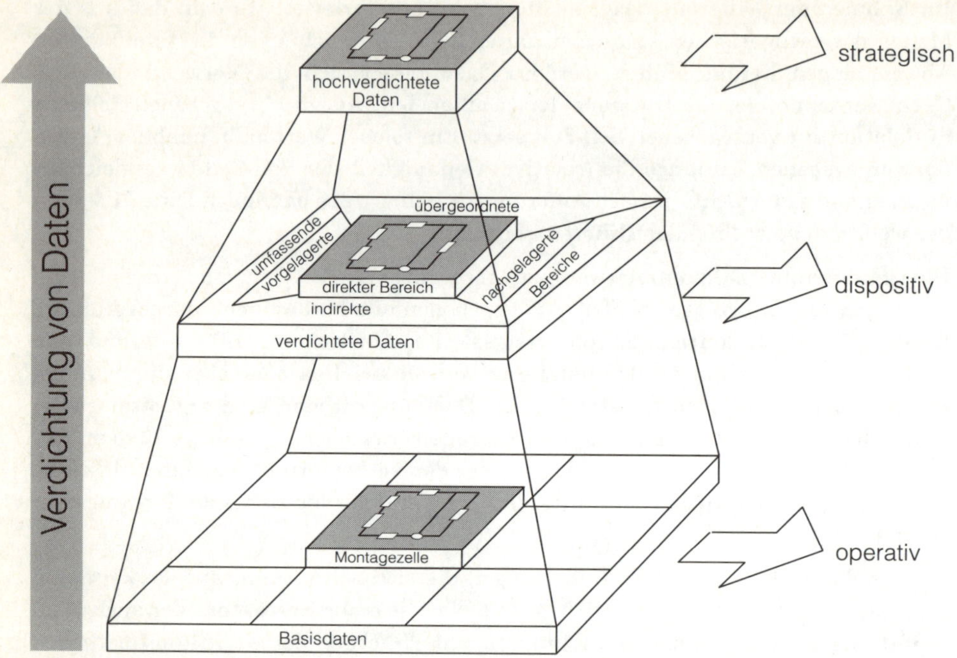

Bild 6.5: Zeitwirtschaft im Unternehmen

Für die kurzfristige Steuerung z.B. in der Fertigung müssen Soll-Ist-Vergleiche durchgeführt werden, um bei Abweichungen in den aktuellen Steuerungsprozeß eingreifen zu können. Dieses erfordert eine konsequente, zeitnahe Informationsverarbeitung und bei zeitnahen Korrektureingriffen auch eine Dezentralisierung von Steuerungskompetenzen /vgl. auch SCHEER 87, S. 13/. Eine solche dezentrale Steuerung kann beispielsweise mit einem kurzfristig reagierendem System erreicht werden, das die Elemente "Erfassen der Ist-Zeit", "Prüfen der Ist-Zeit" und "Maßnahmen durchführen" sowie ggf. "Vorgabe einer weiteren Soll-Zeit" beinhaltet. Die erneute Vorgabe einer Soll-Zeit kann z.B. notwendig werden, wenn die kurzfristig - nur für die gestörte Aufgabendurchführung - einzuleitende Maßnahme - die aufgrund einer festgestellten Abweichung ergriffen werden soll - der Wechsel eines Arbeitssystems verbunden mit einem Betriebsmittelwechsel ist. Mit diesen Elementen ist ein solches System in der Lage, auf ermittelte Abweichungen eines Arbeitssystems kurzfristig zu reagierenden und, bezogen auf eventuell durchgeführte Maßnahmen organisatorischer oder technischer Art, Zeitdaten neu aufzubereiten (vgl. **Bild 6.6**).

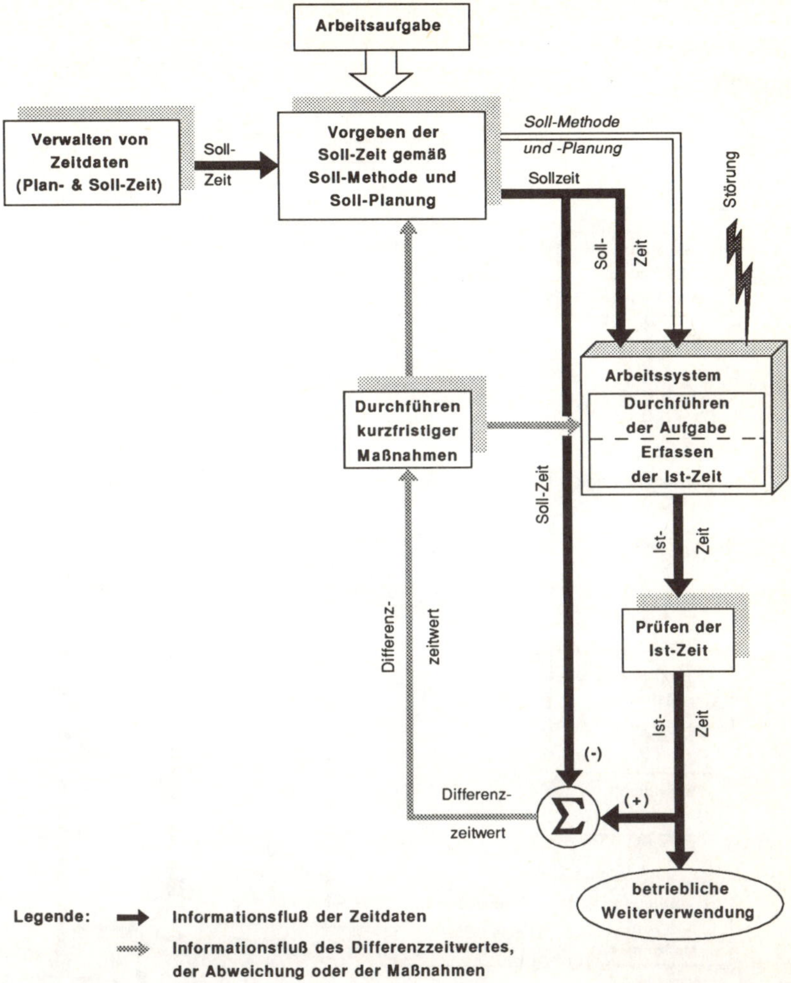

Bild 6.6: Kurzfristig reagierender Regelkreis für den zeitbezogenen Informationsfluß im Unternehmen

Für eine umfassende Zeitwirtschaft im Unternehmen mit einer kurzfristigen Regelung durch ein innerbetriebliches System und einer Regelung zur Aufbereitung der Zeitdaten für zukünftige Arbeitsaufgaben sowie zur Verwendung der Zeitdaten in anderen Unternehmensbereichen ist eine Integration der vorgestellten Regelkreistypen, wie in **Bild 6.7** dargestellt, anzustreben. Ein Vorteil dieser Integration ist u.a. darin zu sehen, daß die einmal erfaßte Abweichung nicht nur für die kurzfristig reagierende, sondern auch direkt für die langfristig reagierende Regelung verwendet wird.

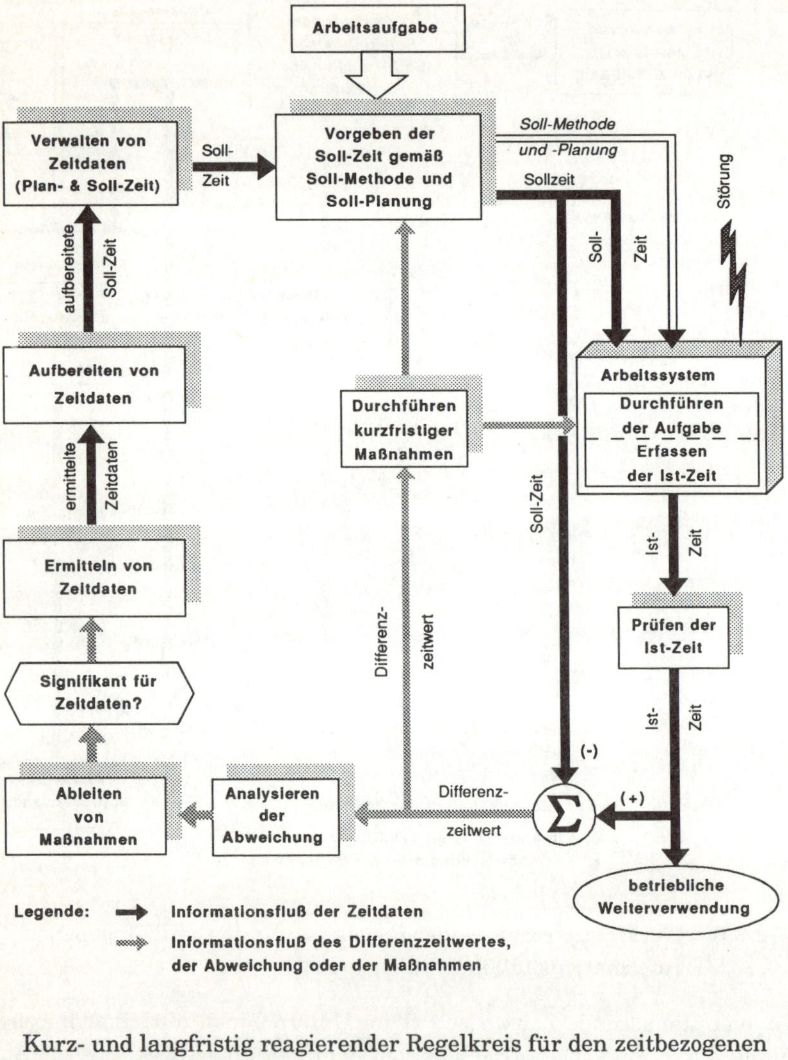

Bild 6.7: Kurz- und langfristig reagierender Regelkreis für den zeitbezogenen Informationsfluß im Unternehmen

Eine Zeitwirtschaft - wie im Rahmen dieser Arbeit dargestellt - z.B. für einen Fertigungsbereich mit hierarchischer Aufbauorganisation bedeutet, daß die Aufgaben, die durch die Elemente des Regelkreises beschrieben werden, von Mitarbeitern unterschiedlicher Unternehmensbereiche durchgeführt werden. Die Vorgabezeit gemäß der Soll-Planung kann im Rahmen der Arbeitsplanerstellung ermittelt werden. Der Mitarbeiter erhält u.a. diese Information für die Aufgabendurchführung. Die rückgemeldete Ist-Zeit einer Arbeitsaufgabe kann im Rahmen der Auftragsfortschrittsüberwachung überprüft werden. Die Differenzwertbildung sowie die Abweichungsanalyse und die Maßnahmenableitung sind Aufgaben, die i.a. von Mitarbeitern für Steuerungs- und Planungsaufgaben - zum Teil gemeinsam - durchzuführen sind. Die Ermittlung, die Aufbereitung und die Verwaltung der Zeitdaten werden in der Regel von Mitarbeitern der Zeitstudienabteilung durchgeführt.

Eine neue Organisationsform, bei denen Mitarbeiter mehr Verantwortung durch die Übernahme weiterer Aufgaben erhalten, ist die Fertigungsinsel (FI). Neben Aufgaben wie Materialdisposition oder Wartung der Betriebsmittel können auch Planungs- und Steuerungsaufgaben in den Aufgabenbereich der FI-Mitarbeiter übertragen werden, so daß solche Fertigungsinseln autonomer werden und sich letztendlich bis hin zu einem Profit-Center entwickeln können. Die Entwicklung in Richtung autonomer Fertigungsinsel würde auch - entsprechende Qualifikation der FI-Mitarbeiter vorausgesetzt - die Übernahme der Aufgaben der Regelkreiselemente und somit auch die räumliche Konzentration der zeitwirtschaftlichen Aufgaben für einen überschaubaren Bereich bedeuten. Eine übergeordnete Zeitstudienabteilung könnte dann ggf. noch als Dienstleister der autonomen Fertigungsinsel für Sonderaufgaben fungieren.

6.4 Rechnerunterstützte Zeitwirtschaft

Die Aufgaben der Zeitwirtschaft lassen sich nur z.T. mit Hilfe von EDV-Programmen durchführen, da neben formalisierbaren Abläufen auch vermehrt kombinative und kreative Aufgaben zu verrichten sind. Für die Verarbeitung der Daten sind aber die Vorteile der EDV so evident, daß eine rein manuell ausgerichtete Zeitwirtschaft nicht mehr als zukunftsträchtig bezeichnet werden kann /vgl. HEINZ 90, S. 11; ZANDER 88, S. 7/.

Eine Zeitwirtschaft, wie sie im Rahmen dieser Arbeit beschrieben wird, benötigt die Rechnerunterstützung. Bei den beschriebenen Regelkreisen und den dafür erforderlichen bzw. zu verarbeitenden Daten ist eine manuelle Durchführung wirtschaftlich nicht mehr möglich. Diese wirtschaftliche Verarbeitung und Verwendung der Daten stellt auch BECKS im Rahmen seiner Forderung für eine rechnergestützte Zeitwirtschaft in den Mittelpunkt /BECKS 85, S. 13/.

Als rechnerunterstütztes Informationssystem darf die Zeitwirtschaft aber nicht als ein autarkes System gesehen werden, sondern muß in die betrieblichen Informationssysteme eingebunden werden (vgl. dazu Kapitel 2). Ausgehend von den Definitionen des "Ausschuß für wirtschaftliche Fertigung" (AWF), diskutiert HEINZ verschiedene Einordungsmöglichkeiten. Dabei kann nach seiner Auffassung die Zeitwirtschaft einerseits bei einem erweiterten und umfangreicheren Begriffs- und Funktionsgehalt des Wortes "planning" als CAP-Modul gesehen werden. Andererseits beschreibt HEINZ aber auch die Möglichkeit, daß die Zeitwirtschaft ein eigenständiges CIM-Modul sein könnte /HEINZ 90, S. 9 ff./. Nicht so deutlich, aber tendentiell in diese Richtung argumentiert auch ROTH, für den die Zeitwirtschaft einen zentralen Baustein in der CIM-Architektur darstellt /ROTH 91, S. 40/.

Die Zeitwirtschaft ist durch die vielfältigen Entstehungsorte der Zeitdaten und durch die unterschiedlichen denkbaren Anwendungsfälle nicht so eindeutig wie die Konstruktion oder die NC-Programmierung einem speziellen Modul der CIM-Architektur zuzuordnen. Aufgaben wie Zeitdatenermittlung können nur von Menschen- ggf. rechnerunterstützt - durchgeführt werden. Der zahlenmäßige Vergleich von Soll-Zeiten mit den ggf. schon von Störgrößen bereinigten Ist-Zeiten ist ebenso wie die Selektion größerer Abweichungen, durch Vorgaben von Grenzwerten, ein Datenverarbeitungsproblem. Dagegen kann die Analyse von Abweichungen, z.B. Stör- und Liegezeiten, sowie der Anstoß von Maßnahmen nur mit Hilfe qualifizierter (Arbeitsstudien-) Mitarbeitern durchgeführt werden. Somit überwiegen Aufgaben, die man bei einem weit gefaßten Begriff der rechnerunterstützten Planung (CAP), bestehend aus den Kernbereichen Computer Aided Time Management (CATM), Computer Aided Process Planning (CAPP) und Numerical Control (NC), zuordnen könnte.

Ein solches CATM-System ließe sich grundsätzlich aus Programmen zur rechnerunterstützten Zeitdatenermittlung (vgl. Kapitel 4.2), zur rechnerunterstützten Zeitdatenverdichtung (vgl. Kapitel 3.3 und Kapitel 6.3), zum rechnerunterstützten Zeitdatenvergleich (vgl. Kapitel 6.3) und einem Zugriff auf ein Datenbanksystem, in dem die Zeitdaten gespeichert sind, vorstellen (vgl. **Bild 6.8**). Als notwendige Ergänzung des CATM-Systems ist eine möglichst frühzeitige EDV-gerechte Datengewinnung, z.B. mit Hilfe von BDE- oder MDE-Systemen (vgl. Kapitel 2 und Kapitel 4.2.3) sowie weiteren, für spezielle Grundsatzuntersuchungen (z.B. Simulation von Durchlaufzeit, Investitionsplanung oder Ursachenanalyse) geeignete Programme, zu nennen.

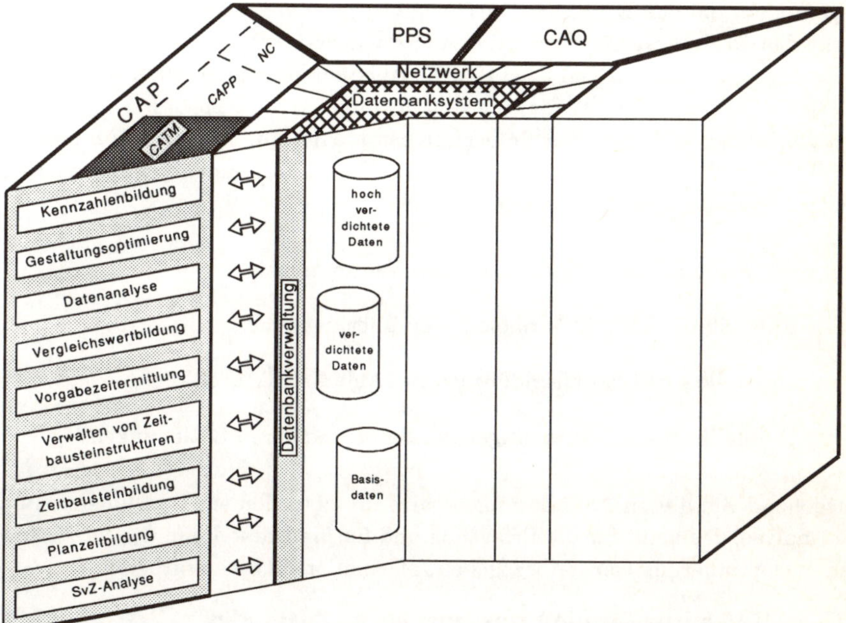

Bild 6.8: CATM in einem rechnerunterstützten Informationssystem

7 Instrumentarium zur Analyse und zur Optimierung zeitwirtschaftlicher Informationsflüsse

Bestehende, oft gewachsene Informations- und Datenverarbeitungsstrukturen - wie sie i.a. auch in der Bewirtschaftung von Zeiten in Unternehmen vorzufinden sind - durch den Aufbau neuer Konzepte zu verbessern, erfordert Kenntnisse über die horizontalen und die vertikalen Informationsflüsse, das heißt über das "Fließen" der Daten innerhalb der bestehenden informationsbezogenen Zusammenhänge im Unternehmen /vgl. DNA 88, S. 3/. Dies wird insbesonders vor dem Hintergrund deutlich, daß die Organisation der Erfassung, der Speicherung und der Weitergabe von Daten und Informationen entscheidend für den Erfolg jeder Art von Informationssystemen ist /vgl. VDI 90b, S. 10/. Diese Aussage gilt auch - insbesondere unter Berücksichtigung des Regelkreisgedanken - für die Zeitwirtschaft.

Die Organisation der Abläufe, im weiteren Ablauforganisation genannt, gibt die Regelungen, die zur Erfüllung von Aufgaben getroffen werden, wieder und stellt somit das Ordnungsgefüge bzw. die innere Gliederung organisatorischer Sachverhalte dar /vgl. MLO 85, Teil 2, S. 12/. Die Ablauforganisation der Zeitwirtschaft im Ist-Zustand zu erfassen, ist für eine Entwicklung, eine Überprüfung oder auch eine Reorganisation zeitbezogener Informationssysteme eine wichtige Voraussetzung, wobei folgende Anforderungen von einem solchen Instrumentarium zur Analyse und zur Optimierung erfüllt werden sollte:

- ❐ rationelle Erfassung der benötigten Informationen,
- ❐ Ablaufdarstellung in variablem Detaillierungsgrad,
- ❐ Darstellbarkeit der Grundformen von Ablaufstrukturen,
- ❐ Darstellbarkeit aller wichtigen Zeitdaten und deren Beziehungen.

Ausgehend von diesen Anforderungen, wird im folgenden ein Instrumentarium für die Analyse, das heißt für die Erfassung und für die Darstellung des Ist-Zustandes, und die Optimierung von zeitbezogenen Informationsflüssen erarbeitet.

7.1 Hilfsmittel für die Erfassung des Ist-Zustandes

7.1.1 Methoden zur Erfassung von Ist-Zuständen

Für eine Untersuchung von Ist-Zuständen können verschiedene Erfassungsmethoden eingesetzt werden. Dabei ist zu berücksichtigen, daß die Methoden unterschiedliche Kosten-, Zeit- und Personalaufwände erfordern und auch ggf.

spezielle Anforderungen an die Personalqualifikation stellen. Diese Kriterien sind insbesondere vor dem Hintergrund zu sehen, daß vollständige, richtige, ausreichend genaue sowie aktuelle Informationen mit wirtschaftlich vertretbarem Aufwand erfaßt werden müssen /GAST 85, S. 46/. Die wesentlichen in Betracht kommenden Erfassungsmethoden sind in **Bild 7.1** dargestellt und werden im folgenden kurz beschrieben.

Erfassungsmethoden	
* Konferenzmethode	* Multimomentaufnahme
* Selbstaufschreibung	* Interviewmethode
* Berichtsmethode	* Fragebogenmethode
* Inventurmethode	

Bild 7.1: Erfassungsmethoden zur Analyse von Ist-Zuständen

Die **Konferenzmethode** ist ein gemeinsam mit allen Mitarbeitern oder mit einem repräsentativen Querschnitt der Mitarbeiter geführtes Gespräch. Dabei ist seitens des Konferenzleiters auf einen systematischen Aufbau des Gesprächs sowie eine exakte Formulierung der Fragen und die Art und Weise der Vorgehensweise während der Konferenz zu achten. Die Anzahl der beteiligten Personen ist in der Regel groß, muß aber auf eine überschaubare Anzahl von Personen begrenzt bleiben. Daher eignet sich die Konferenzmethode nur in seltenen Fällen für eine Gesamterhebung im Unternehmen sondern eher zur Bearbeitung hochkomplexer interdisziplinärer Aufgabenstellungen /vgl. GAST 85, S. 50/.

Die Methode der **Selbstaufschreibung** ermöglicht ein Erfassen der Informationen primär durch die Mitarbeiter, in Sonderfällen auch durch selbsttätig registrierende Geräte. Die Aufnahme von qualitativen Sachverhalten und Beziehungsstrukturen können i.d.R. nicht mit registrierenden Geräten durchgeführt werden. Diese müssen von den Mitarbeitern aufgenommen werden, die zuvor über die Zielsetzung der Erfassung unterrichtet worden sind. Je nach Umfang der zu notierenden Informationen kann es bei dieser Methode zu Unterbrechungen des Arbeitsablaufes kommen /vgl. GAST 85, S. 49/.

Mit der **Berichtsmethode** wird aufgrund einer globalen, nicht exakt definierten Fragestellung von dem Informanten ein formloser, meist schriftlicher Bericht erstellt. Da die Fragen und die möglichen Antworten nicht vorgegeben sind, ist die Auswertung von Berichten zeitaufwendig und erfordert oft nachträglich ergänzende

Aussagen von dem Informanten. Eine Vereinfachung und eine Unterstützung beim Einsatz dieser Methode kann eine grob vorgegebene Strukturierung der Fragestellung sein /vgl. BENDEICH 80, S. 24/.

Bei der **Inventurmethode** werden im wesentlichen die schriftlichen oder EDV-gespeicherten Daten im Untersuchungsbereich durch eine Bestandsaufnahme erfaßt und ausgewertet. Die Datenerfassung erfordert in der Regel einen hohen zeitlichen und personellen Aufwand. Ferner sind die Ergebnisse unter anderem von der Aktualität und der Vollständigkeit der gespeicherten Daten abhängig /vgl. BENDEICH 80, S. 22/.

Die **Multimomentaufnahme** ist eine statistisch abgesicherte Methode, bei der durch Rundgänge im Untersuchungsbereich Stichprobenbeobachtungen in einem festgelegten Zeitraum durchgeführt werden. Die Beobachtungen werden dazu auf vorbereitete Rundgangsbögen notiert und anschließend ausgewertet. Die Genauigkeit der Ergebnisse dieser Methode kann durch die Wahl der Rundgangshäufigkeiten beeinflußt werden /vgl. DAENZER 89, S. 233/.

Die **Interviewmethode** entspricht einer direkten Befragung der Mitarbeiter. Bei dieser Methode werden hohe Anforderungen an den Interviewer gestellt, da i.a. ein systematischer Aufbau des Interviews oder eine exakte Formulierung der Fragen nicht vorgegeben ist. Die Auswertung der Befragung ist zeitaufwendig, da normalerweise keine speziellen Antwortmöglichkeiten bzw. keine festgelegte Struktur vorgegeben ist. Bei einer umfangreichen Erfassung erfordert diese Methode einen hohen Aufwand an Personalkapazität /vgl. DAENZER 89, S. 214/.

Bei der **Fragebogenmethode** wird ein Fragebogen erstellt, der sich auf die Problemstellung bezieht. Die Beantwortung der Fragen kann durch einen systematischen Aufbau des Fragebogens und durch vorgegebene Antwortmöglichkeiten unterstützt werden. Der Personaleinsatz und der Zeitaufwand bei der Durchführung der Erfassung ist im Vergleich zu anderen Methoden geringer und somit auch kostengünstiger. Insbesondere die Vorbereitung und die Ausarbeitung des Fragebogens hat einen wesentlichen Einfluß auf die Qualität der Ergebnisse /vgl. DAENZER 89, S. 212/.

7.1.2 Auswahl der Erfassungsmethode

Bei der Auswahl einer Methode zur Analyse des Ist-Zustandes muß berücksichtigt werden, daß diese Analyse im Unternehmen eine umfassende Untersuchung darstellt, bei der in der Regel eine große Anzahl von Arbeitssystemen betrachtet wird. Eine Analyse des Ist-Zustandes mit der Konferenzmethode scheidet ebenso wie eine Analyse mittels Selbstaufschreibung und Berichtsmethode aus Aufwandsgründen aus. Eine Erfassung der erforderlichen Informationen, beispielsweise bei der Ermittlung von Beziehungsstrukturen, ist bei der Inventurmethode sowie bei der Multimomentaufnahme ohne den ergänzenden Einsatz weiterer Methoden (z.B. Interviewmethode, Fragebogenmethode) oft nicht möglich, so daß auch diese Methoden ausgegrenzt werden.

Mit der Erstellung eines Fragebogens kann durch vordefinierte Fragen eine einheitliche Form der Erfassung geschaffen werden. Die Vorgabe möglicher Antworten reduziert zwar die Häufigkeit von Rückfragen während des Ausfüllens und erleichtert die Auswertung, allerdings ist durch diese Art der Ist-Analyse keine individuelle, an den Mitarbeiter angepaßte Befragung möglich. Die Interviewmethode erlaubt dagegen die individuelle, an den Mitarbeiter angepaßte Befragung.

Die Kombination von Interview- und Fragebogenmethode kann als die rationellste Form zur Erfassung des Ist-Zustandes von Informationsflüssen angesehen werden, da sich diese Methoden mit ihren spezifischen Vorteilen sinnvoll ergänzen. Für die Befragung der Mitarbeiter ist daher im Rahmen dieser Arbeit ein Fragebogen (Checkliste) entwickelt worden, wodurch eine strukturierte und umfassende Fragestellung gewährleistet wird. Mögliche Unklarheiten oder Mißverständnisse können durch den Interviewer direkt beseitigt werden. Zusätzlich können aber auch weitere Informationen (z.B. Besonderheiten bei der Informationsbearbeitung oder -weitergabe) im Rahmen des strukturierten Interviews erfaßt werden, die vielfach wichtige, sonst kaum erfaßbare Zusatzinformationen für die Informationsflußanalyse beinhalten.

7.1.3 Entwicklung eines Fragebogens als Hilfsmittel für die Ist-Analyse

Die Entwicklung des Fragebogens wird mit dem Ziel durchgeführt, den Ist-Zustand des Informationsflusses und die Beschreibung der Art und Weise zeitdatenbezogener Informationsverarbeitung für überschaubare Untersuchungsbereiche (z.B. einzelne Funktionseinheiten wie Vorkalkulation oder Arbeitsplanerstellung) systematisch zu erfassen. Eine Differenzierung des Fragebogens zur separaten Analyse des horizontalen und des vertikalen Informationsflusses wird nicht durchgeführt, da Untersuchungsbereiche durchaus in den horizontalen und den vertikalen Informationsfluß eingebunden sein können. Die Fragestellungen sind so ausgerichtet, daß trotzdem detaillierte Auswertungen möglich sind. Der entwickelte und im Anhang dargestellte Fragebogen basiert auf folgenden drei

Hauptfragestellungen:

I) Welche zeitwirtschaftlichen Informationen werden zur Erfüllung der Aufgaben dieses Untersuchungsbereichs benötigt?

II) Welche zeitwirtschaftlichen Informationen werden in diesem Untersuchungsbereich für andere Bereiche erzeugt?

III) Welche zeitwirtschaftlichen Informationen werden in diesem Untersuchungsbereich wie überprüft?

Diese drei Hauptfragestellungen wurden durch detaillierte Fragen weiter spezifiziert. Diese Fragen und ihre Bedeutung werden im folgenden kurz vorgestellt.

Zu Beginn jeder Befragung muß erfaßt werden, zu welchem Zeitpunkt, an welchem Ort und mit welchem Ansprechpartner die Befragung durchgeführt wird, um später mit Hilfe dieser **organisatorischen Daten** die Befragung nachvollziehen und z.B. bei Rückfragen denselben Ansprechpartner befragen zu können.

Die Frage nach der **Aufgabe** gibt - vor dem Hintergrund, die Zeitwirtschaft als Regelkreis zu betrachten - Auskunft über vorhandene Regelkreiselemente. Dabei werden in Abstimmung mit der jeweiligen Hauptfragestellung nur spezielle Regelkreiselemente berücksichtigt.

Die Untersuchung des Informationsflusses erfordert die Erfassung der **zeitdatenbezogenen Informationen**, die in dem betrachteten Untersuchungsbereich verwendet, zu anderen Bereichen weitergegeben oder von anderen Bereichen empfangen werden. Unterschieden wird bei dieser Fragestellung nach den Typen Ist-Zeit, Soll-Zeit und Soll-Zeit mit EFG (vgl. Kapitel 3.1) sowie nach Kennzahlen.

Der **Verwendungszweck** soll zum einen Aufschluß über die Anwendungsgebiete der Zeitdaten wie Terminierung oder Kalkulation (vgl. Kapitel 3.1) geben, zum anderen sollen in diesem Punkt aber auch Informationen zur weiteren Verarbeitung von Zeitdaten, z. B. deren Verdichtung (vgl. Kapitel 5), gegeben werden.

Der **Informationsbedarf** steht im direkten Zusammenhang mit der gewünschten oder geforderten Aktualität der Zeitdaten. Bei der Befragung soll deshalb ermittelt werden, wie häufig (kontinuierlich, stündlich, schichtweise, täglich oder bei Bedarf) Zeitdaten empfangen, verwendet oder weitergegeben werden.

Für die Bestimmung, aber auch für die Überprüfung der Beziehungsstrukturen der Zeitdaten sind die am Austausch der Daten beteiligten Bereiche zu ermitteln. Bei jeder Befragung sollen dazu alle Bereiche notiert werden, die **Sender** der zeitbezogenen Daten für den befragten Bereich oder die **Empfänger** der zeitbezogenen Daten des Bereichs sind.

Die Beschreibung der **Vorgehensweise** bei dem Erzeugen und dem Überprüfen von Zeitdaten unterscheidet sich derart, daß jeweils unterschiedliche Antwortmöglichkeiten berücksichtigt werden. Beim Erzeugen von Zeitdaten werden die Methoden der Zeitermittlung (vgl. Kapitel 4.1) und die Möglichkeit der Planzeit- sowie Zeitbausteinbildung zur Auswahl gestellt (vgl. Kapitel 5.1 und 5.2). Beim Überprüfen von Zeitdaten wird dagegen zwischen Möglichkeiten wie Vergleich mit weiteren Daten oder Überprüfen der Zeitdaten auf Vollständigkeit oder Korrektheit unterschieden.

Der Detaillierungsgrad von Zeitdaten soll bei dieser Frage nach der **Verdichtungsstufe** entsprechend der Gliederung in **Bild 5.2** geklärt werden, um beispielsweise die Vergleichbarkeit von Zeitdaten oder die Einordnung in eine Verdichtungsstruktur überprüfen zu können. Wird eine Kennzahl benutzt, so ist die Beschreibung der Kennzahl sowie für die Zeitdaten die jeweilige Verdichtungsstufe anzugeben.

Für die Datenerfassung, -übertragung oder -speicherung können prinzipiell konventionelle oder EDV-unterstützte **Datenträger** verwendet werden. Die Beantwortung der Frage nach dem Datenträger ist somit nicht unabhängig von der nachfolgenden Frage "EDV-Unterstützung" zu sehen. Konventionelle Datenträger können z.B. für die verbale Übertragung von Informationen Telefone oder für die Erfassung, die Übermittlung und die Speicherung von Informationen die verwendeten Belege und Formulare - wie Lohnscheine oder Rückmeldescheine - sein. Bei den EDV-unterstützten Datenträgern ist zu überprüfen, ob die Daten in autarken EDV-Anlagen, wie nicht vernetzte Rechner oder mDE-Geräten, oder in miteinander vernetzten EDV-Anlagen gespeichert sind.

Die Frage nach einer **EDV-Unterstützung** soll die Verbreitung des Rechnereinsatzes bei der Zeitdatenverarbeitung aufzeigen. Wird eine EDV-unterstützte Verarbeitung festgestellt, so unterteilt man die Hilfsmittel in mDE-Geräte, BDE- und MDE-Geräte sowie in EDV-Anlagen. Die EDV-Anlagen werden dabei weiter in Personalcomputer (PC), Minicomputersysteme (oft Mehrplatzsysteme) und in Großrechner unterteilt.

In dem Feld **Allgemeine Anmerkungen / zukünftige Änderungen** können zusätzliche Informationen und insbesondere Wünsche für den Soll-Zustand, z.B.

Bereitstellung weiterer Zeitdaten oder Kennzahlen in dem untersuchten Bereich, dokumentiert werden.

Die erarbeiteten Kriterien sind in dem dreiteiligen Fragebogen zur Ist-Analyse zeitwirtschaftlicher Informationsflüsse benutzt worden (vgl. Anhang). Bei der Verwendung dieses Fragebogens ist es zulässig, einzelne Fragestellungen oder ganze Fragenbereiche unbeantwortet zu lassen, wenn die dort behandelten Thematiken in dem zu analysierenden Bereich nicht zutreffen. Die Numerierung der Fragen kann für Querverweise oder für Dokumentationen verwendet werden. Auf Basis der aufgenommenen Informationen können ggf. weitere, an der zeitbezogenen Datenverarbeitung als vorangegangene Sender oder als nachfolgende Empfänger noch nicht bekannte Bereiche erfaßt und anschließend befragt werden, so daß durch diese Vorgehensweise i.d.R. alle am zeitbezogenen Informationsfluß beteiligten Bereiche in die Ist-Analyse einbezogen werden.

7.2 Hilfsmittel für die Darstellung des Ist-Zustandes

7.2.1 Methoden zur Darstellung von Ist-Zuständen

Die Darstellung von Ablaufstrukturen und Informationsflüssen kann in verbal beschreibender Form oder auch in graphisch beschreibender Form vorgenommen werden. Die verbal beschriebene Form von zeitwirtschaftlichen Ablaufstrukturen und Informationsflüssen liegt nach der Durchführung der Ist-Analyse anhand der ausgefüllten Fragebögen vor. Da die zeitwirtschaftlichen Abläufe in Unternehmen i.a. zu komplex sind, ist nach den Erfahrungen im Rahmen dieser Arbeit eine gedankliche Erfassung von zeitwirtschaftlichen Ablaufstrukturen und Informationsflüssen allein auf Grundlage der ausgefüllten Fragebögen nicht mehr möglich. Für eine ergänzende graphische Darstellung bieten sich grundsätzlich die Darstellung mit Hilfe von Beziehungschaubildern - unterteilt in Kommunikationsbeziehung und Organisationsplan - und mit Hilfe von Ablaufdarstellungen an /vgl. dazu auch MLO 85, Teil 2/.

Eine **Kommunikationsbeziehung**, das heißt die Informationsbeziehung zwischen Sender und Empfänger, läßt sich als Diagramm, Tabelle, Matrix, Spinne oder Netz darstellen (vgl. **Bild 7.2**). In einem Kommunikationsdiagramm können Kommunikationshäufigkeiten (H) und -dauern (D) sowie bearbeitete Aufgaben oder verwendete Kommunikationsformen dargestellt werden, wobei allerdings nicht erkannt werden kann, wer als Sender oder als Empfänger fungiert. Mit Hilfe der Kommunikationstabelle können ausschnittsweise Kommunikationsbeziehungen einzelner Organisationseinheiten wie Stellen oder Abteilungen und Angaben wie Informationssender und -empfänger oder Kommunikationsdauer und -häufigkeit dargestellt werden.

Im Gegensatz zur Darstellung einzelner Kommunikationsbeziehungen können mit Hilfe der Kommunikationsmatrix die Beziehung mehrerer Organisationseinheiten, bei relativ guter Wiedergabe der Kommunikationsrichtung, dargestellt werden. Während bei der Kommunikationsspinne die Kommunikationsbeziehungen und -häufigkeiten einzelner Organisationseinheiten (z.B. Abteilungen) nur grob in einer umfassenden Gesamtdarstellung beschreibbar sind, können dagegen im Kommunikationsnetzwerk nicht nur Kommunikationsbeziehungen, sondern auch deren Frequenzen (F) und auch ggf. die Länge der Kommunikationswege (L) wiedergegeben werden.

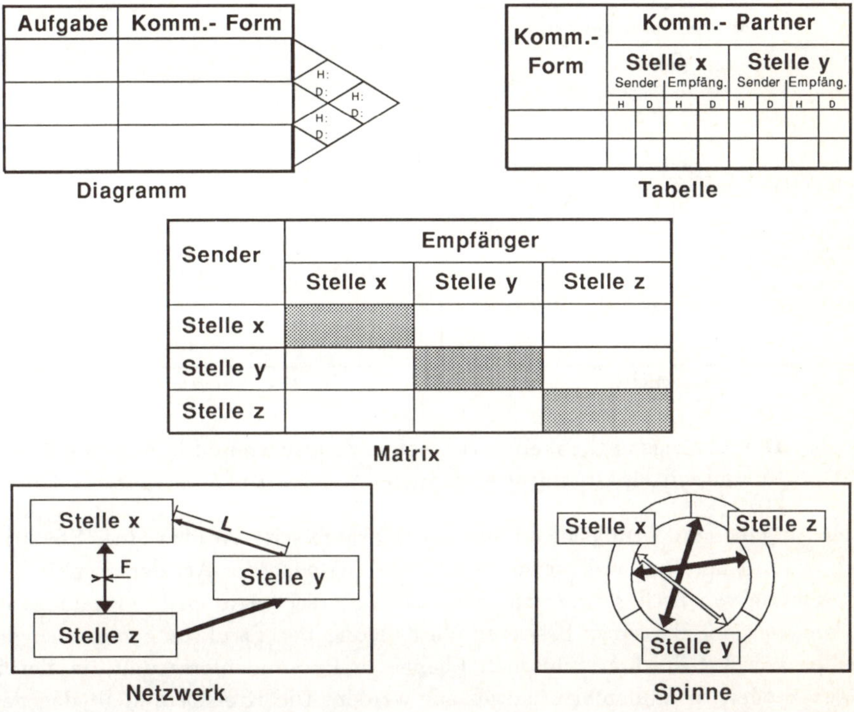

Bild 7.2: Darstellungsmöglichkeiten von Ablaufstrukturen und Informationsflüssen mittels Kommunikationsbeziehungen /MLBO 91b, S. 354 ff./

Ein **Organisationsplan** kann z.B. über die Verteilung der Funktionen sowie der Aufgaben oder Rückschlüsse über die aufgabenbedingte Kommunikation ein Überblick geben. Gebräuchliche Darstellungsformen des Organisationsplans sind Aufgabengliederungs-, Pyramiden-, Säulen- und Kreisform /vgl. **Bild 7.3**/.

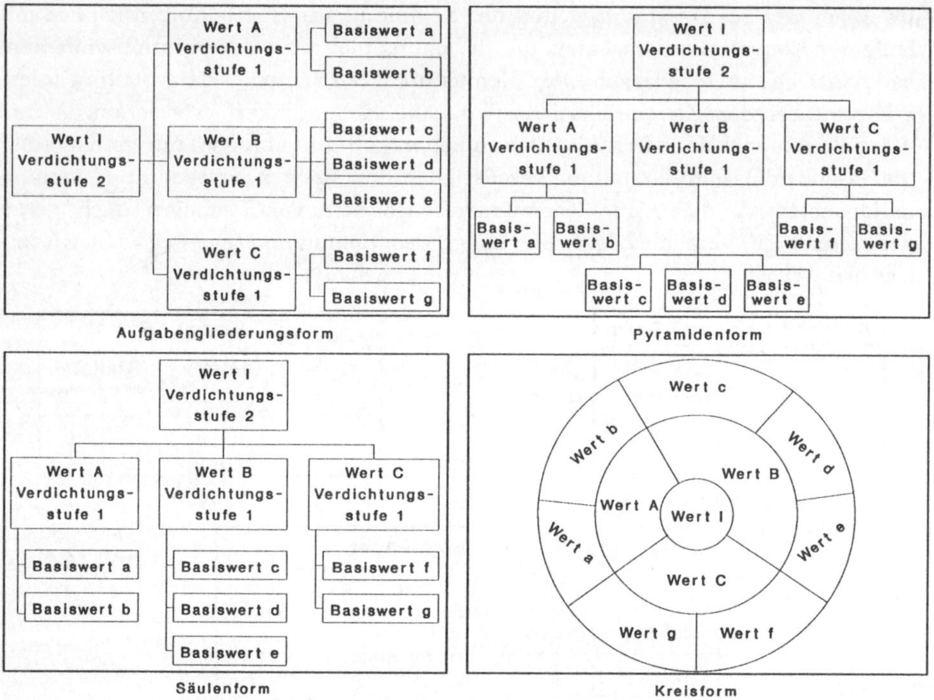

Bild 7.3: Darstellungsmöglichkeiten von Ablaufstrukturen und Informationsflüssen mittels Organisationsplänen /MLO 85, Teil 3, S. 79 ff./

Mit der Aufgabengliederungsform kann der (hierarchische) Aufbau einer Struktur ebenso wie mit der Pyramidenform - wobei nur zwischen der Art der graphischen Hervorhebung von Stellen und von Instanzen unterschieden wird - graphisch beschrieben werden. Bei einer breiteren Verästelung der Struktur eignet sich die Säulenform, wobei die hierarchischen Ebenen in Pyramidenform und die gleichrangigen Stellen in Säulenform dargestellt werden. Die Kreisform stellt dagegen die einzelnen Organisationseinheiten als Kreissegmente dar, wobei die höchste Hierarchiestufe im Zentrum des kreisförmigen Organisationsplans zu finden ist.

Ablaufdarstellungen

Die Darstellung der logischen Aufeinanderfolge von Tätigkeiten, Vorgängen oder Ereignissen ist mit Hilfe von Ablaufdarstellungen möglich. Um unterschiedliche Informationsverarbeitungsprozesse in Unternehmen darstellen zu können, existieren für Ablaufdarstellungen die drei Darstellungsformen Felddarstellung, Folgestruktur und graphische Beschreibung, wobei für die Ablaufdarstellungen verschiedene Grundformen von Abläufen wie Aufeinanderfolge (Struktur ohne Teilung oder Zusammenführung), UND-/ ODER-Teilung oder Zusammenführung nach UND-/ ODER-Teilung verwendet werden können /vgl. dazu auch MLO 85, Teil 2, S. 13 ff./.

Die Felddarstellung ist eine geeignete Methode der Visualisierung komplexer Ablaufstrukturen, wobei zur Darstellung eindeutig definierte Symbole als Ersatz umfangreicher Beschreibungen verwendet werden. Will man dagegen schnell einen Überblick über einen Ablauf erhalten, bietet sich die Darstellungsform der Folgestruktur an. Dabei werden insbesondere die zeitliche Folge von am Arbeitsablauf beteiligten Aufgabenträgern oder von Tätigkeiten, ggf. ergänzt mit den Hilfsmitteln der Felddarstellungen, abgebildet. Die graphische Beschreibung ist dagegen sehr anschaulich und basiert auf zusätzlichen Beschreibungen dargestellter Systemelemente.

7.2.2 Auswahl der Darstellungsformen

Die Auswahl der Darstellungsformen für zeitwirtschaftliche Informationsflüsse muß sich an dem Ziel, horizontale und vertikale Informationsbeziehungen mit ganzheitlicher, betriebsumfassender, aber auch detaillierter Betrachtungsweise darstellen zu können, orientieren.

Die ganzheitliche, betriebsumfassende Darstellung horizontaler Informationsbeziehungen erfordert eine Darstellungsform, die übersichtlich die Kommunikation der Organisations- bzw. Funktionseinheiten unter Berücksichtigung der Beziehungen und ggf. die Dokumentation zusätzlicher Angaben ermöglicht. Die Kommunikationsmatrix bietet sich für die Lösung dieser Aufgabe an (vgl. **Bild 7.4**).

Die Organisations- bzw. Funktionseinheiten werden in den diagonalen Feldern $F_{i,j}$ mit i=j (i=Zeilennummer, j=Spaltennummer) der Matrix plaziert, so daß die Matrix in zwei Hälften unterteilt wird. In der oberen Hälfte der Matrix - z.B. im Feld $F_{2,5}$ - wird die Informationsbeziehung zwischen $F_{2,2}$ als Sender und $F_{5,5}$ als Empfänger von Informationen beschrieben. Entsprechend umgekehrt wird in der unteren Hälfte der Matrix der Informationsfluß von $F_{5,5}$ nach $F_{2,2}$ dargestellt. Zusätzlich können weitere Informationen wie EDV-Unterstützung direkt in entsprechenden Matrixfeldern oder in ergänzenden Informationsblättern mit entsprechender Zuordnung zum Matrixfeld dokumentiert werden.

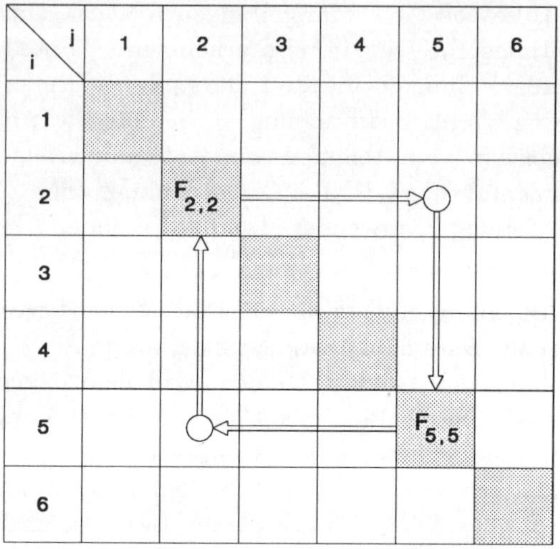

Bild 7.4: Matrix für umfassende Darstellung von Informationsbeziehungen im Unternehmen

Detailliertere Beschreibungen horizontaler Informationsbeziehungen erfordern eine differenzierte Wiedergabe der Verknüpfung von Systemelementen, wofür sich vom Ansatz her das Netzwerk anbietet. Eine umfassende Darstellung rückt dabei für eine funktions- bzw. abteilungsbezogene Darstellung in den Hintergrund, um die Komplexität der Beziehungsdarstellung zu reduzieren. Im Rahmen dieser Arbeit wurde jeweils aus Sichtweise einer - der in der Kommunikationsmatrix beschriebenen - Abteilung die zeitwirtschaftlichen Informationsbeziehungen zu anderen Abteilungen betrachtet. Diese abstrahierte Darstellung der jeweilig untersuchten Abteilung mit Aufgabenbereichen, verwendeten Informationen und Informationsflüssen im Zentrum des Netzwerks vermittelt für die Abteilung eine Vorstellung der verwendeten zeitbezogenen Informationen und deren Flüssen. Die Systemgrenzen verdeutlichen, wo welche Informationen erstellt und dokumentiert sind. In **Bild 7.5** ist auszugsweise das Netzwerk (Ist-Analyse) für die Abteilung "Offertkalkulation" eines untersuchten Unternehmens dargestellt, wobei die verwendeten Begriffe im Netzwerk sich an der Nomenklatur des Unternehmens orientieren.

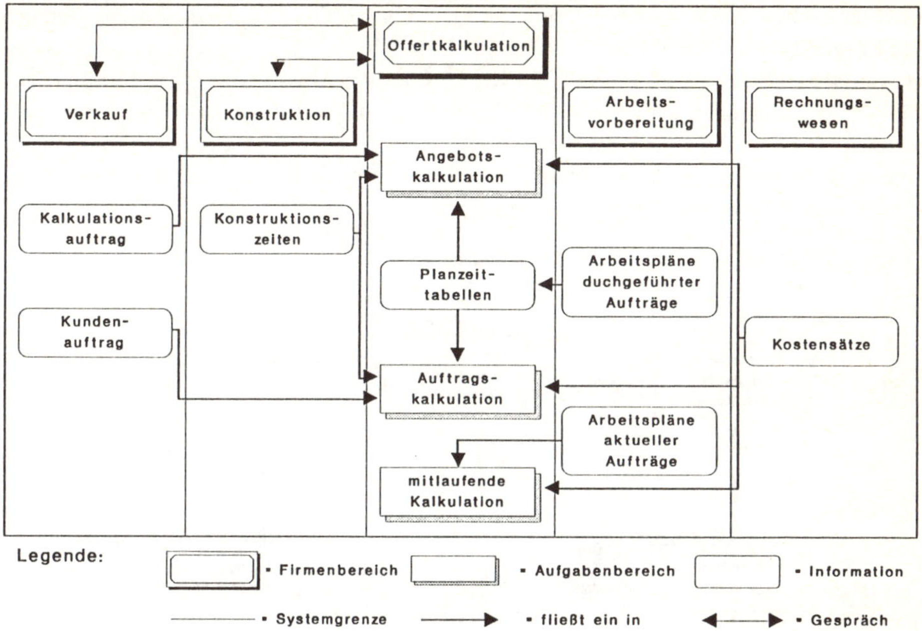

Bild 7.5: Netzwerk für die Informationsbeziehungen der "Offertkalkulation" (Auszug aus einem Firmenbeispiel)

Bei Darstellung zeitwirtschaftlicher Informationsflüsse als Regelkreise sowie ihrer logischen Folge von Vorgängen unter Verwendung der Regelkreiselemente hat sich im Rahmen der Arbeit die "graphische Beschreibung" als geeignete Form der Ablaufdarstellung herausgestellt. Ausschlaggebend für diese Entscheidung war u.a., daß eine anschauliche und - mit Zusatzinformationen ergänzbare - Darstellungsform, bei der auch die Überprüfbarkeit des Regelkreisgedankens möglichst einfach durchgeführt werden kann, gesucht wurde. Die Beschreibung der Zeitwirtschaft als Regelkreis (vgl. Kapitel 6.3) ist prinzipiell schon an die Ablaufdarstellungsform der "graphischen Beschreibung" angelehnt. Da diese Form der Darstellung anschaulich und z.B. auch - um Zusatzinformationen - ergänzbar ist, wird diese als Darstellungsform übernommen. Zur Vereinfachung der Darstellung unternehmenspezifischer Informationsflüsse der Zeitwirtschaft ist eine Graphik entwickelt und verwendet worden (vgl. dazu **Bild 7.7**), in der die einzelnen Verknüpfungen (Informationsflüsse) der Regelkreiselemente nicht vorweggenommen wurden. Somit können die durchgeführten Aufgaben und vorhandenen Informationsbeziehungen der Zeitwirtschaft eines Unternehmens - orientierend an den Regelkreiselementen und möglichen Informationsflüssen - dargestellt werden. Ergänzt werden können die Elemente auch noch durch zusätzliche Symbole bzw. Informationen wie Kostenstelle oder Rechnerunterstützung. In **Bild 7.6** ist ein Ablauf, wie er im Rahmen der Ist-Analyse in einem Unternehmen ermittelt wurde, mit Zusatzinformationen dargestellt. Die existierenden Informationsflüsse wurden durch entsprechende Pfeile und nicht durchgeführte Aufgaben der Zeitwirtschaft durch Streichung der entsprechenden Regelkreiselemente verdeutlicht.

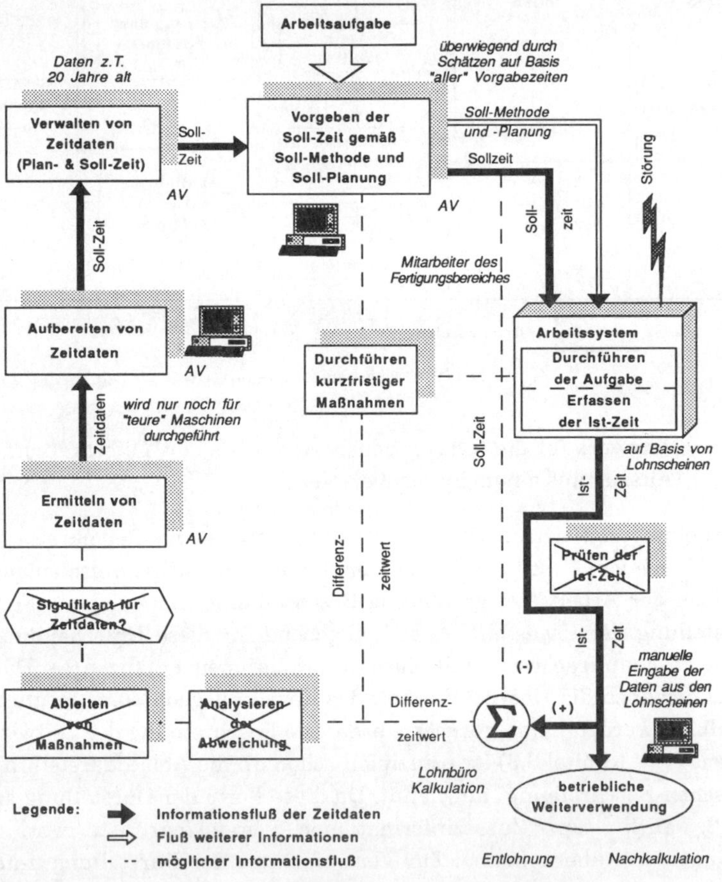

Bild 7.6: Ablaufdarstellung eines horizontalen Informationsflusses (Auszug aus einem Firmenbeispiel)

Die vertikalen Informationsbeziehungen, primär verbunden mit Aufgaben der Verdichtung und der Aufbereitung von Zeitdaten, sind mit Hilfe der Darstellungsform

"Organisationsplan" beschreibbar, wobei sich insbesondere die Säulenform anbietet. Die Säulen können für die additive Verdichtung einzelner Zeitdatenbestandteile genutzt werden und die hierarchischen Stufen bieten sich für additive aber auch relationale Verknüpfung von Zeitdaten, wie man es z.B. für die Kennzahlenermittlung benötigt, an. Die einzelnen Felder im Organisationsplan können darüber hinaus mit einem Ordnungskriterium als Suchmerkmal für weitere Informationshinweise versehen werden oder direkt zur Dokumentation zusätzlicher Informationen verwendet werden.

Grundsätzlich muß aber bei der Darstellung der Ergebnisse vor dem Versuch gewarnt werden zu viele Informationen in eine Darstellungsform einfließen zu lassen, da sonst die Übersichtlichkeit der graphischen Darstellung verloren geht.

7.3 Hilfsmittel zur Entwicklung des Soll-Zustandes

Für den Aufbau einer Zeitwirtschaft und die damit verbundene Überprüfung, welche Elemente oder Informationsbeziehungen bereits existieren oder noch benötigt werden, ist es erforderlich, zuerst den Ist-Zustand des zeitbezogenen Informationsflusses zu untersuchen und aufzubereiten, um die bestehenden Verknüpfungen transparent zu machen. Die Ist-Zustandsanalyse des zeitwirtschaftlichen Informationsflusses stellt somit die Grundlage für das Erkennen von Schwachstellen, für die Ursachenermittlung gefundener Schwachstellen und für Planungsaufgaben wie die Neukonzeption oder die Reorganisation der Zeitwirschaft dar.

Die Entwicklung des Soll-Zustandes im Rahmen dieser Arbeit basiert auf den Ergebnissen der strukturierten Interviews mit den Leitern der einzelnen Abteilungen. In keiner Phase der Soll-Zustandsentwicklung dürfen allerdings die einzelnen Optimierungsmöglichkeiten isoliert betrachtet werden; primäres Ziel muß immer eine Gesamtoptimierung sein /vgl. dazu auch KOREIMANN 73, S. 63/.

7.3.1 Informationsbedarf an Zeitdaten

Der im Rahmen des strukturierten Interviews ermittelte Bedarf an Zeitdaten bildet die Grundlage der weiteren Betrachtung. Die Angaben über den Bedarf der vom Sender weitergegebenen und der vom Empfänger benötigter Informationen sollten übereinstimmen. Um diese Überprüfung vorzunehmen, ist eine firmenspezifische Anforderungstabelle für die Übertragungshäufigkeit der Zeitdaten erstellt worden (vgl. **Bild 7.7**), die in die Bereiche "Übertragung" und "Verarbeitung" unterteilt ist. Die mit dem Fragebogen erfaßten Angaben zu den Übertragungsfrequenzen vom Sender und die Verarbeitungsfrequenzen beim Empfänger (Ist-Zustand) werden in die Tabelle übertragen. Parallel dazu kann jeweils die gewünschte Übertragungsfrequenz (Soll-Zustand) in die Tabelle eingetragen werden.

	Übertragung									Verarbeitung									
Sender	k	h	s	d	w	m	y	b	f	k	h	s	d	w	m	y	b	f	Empfänger
Ist-Erfas.(AP1.2)	I/S									S		I							Prüfen (AP 2.2)
Erfassen (AP 1.3)	S			I							S	I							Prüfen (AP 2.2)
Analyse (AP 3.1)			S		I												S		M. ableiten (AP 3.5)
Vorgaben (AP 5.3)			I/S							I/S									Durchführen (AP 4.5)
Ermitteln (AP 6.3)								I/S						S			I		Aufbereiten (AP 6.4)

Legende:
k kontinuierlich, h stündlich, s schichtweise
d täglich, w wöchentlich, m monatlich
y jährlich, b bedarfsweise, f freier Eintrag
I Istzustand, S Sollzustand, AP Arbeitsplatz

Bild 7.7: Beispiel einer firmenspezifischen Anforderungstabelle für die Übertragungshäufigkeit der Zeitdaten (Ausschnitt)

Unterschiedliche Angaben bei der Übertragungshäufigkeit und der dazugehörigen Verarbeitungshäufigkeit sind möglicherweise ein Indiz für Störungen im Informationsfluß. Ferner wird durch die Ermittlung der Übertragungshäufigkeit auch festgestellt, mit welcher Intensivität Zeitdaten im Betrieb ausgetauscht werden. Besonders in den Fällen, in denen keine Übereinstimmung zwischen den jeweiligen Ist-Zuständen besteht, sollte dies überprüft werden, damit ein Informationsdefizit oder auch eine Informationsflut in den Unternehmensbereichen vermieden wird. Aber auch bei einer Übereinstimmung sollte der Ist-Zustand kritisch überprüft werden, bevor dieser als neuer Soll-Zustand fixiert wird.

7.3.2 Soll-Zustand betriebsspezifischer Informationsflüsse

Die zeitbezogenen Informationsflüsse sollen sowohl horizontal, als auch vertikal die Information Zeit im Unternehmen "fließen" lassen. Die graphischen Darstellungen der vorhandenen Informationsflußbeziehungen als ein Ergebnis der Ist-Analyse dienen als Grundlage zur Entwicklung des Soll-Zustandes. Ausgehend von der operativen Ebene, müssen zuerst die horizontalen Informationsflüsse und anschließend die vertikalen Informationsflüsse betrachtet werden. Dadurch kann bei den vertikalen Informationsflüssen die Überprüfung schon unter Einbeziehung des Soll-Zustandes der horizontalen Informationsflüsse durchgeführt werden.

Horizontale Informationsflüsse

Ein Ziel bei dem Aufbau der Zeitwirtschaft ist es, die Informationsflüsse als Regelkreise zu entwickeln. Somit ist von besonderem Interesse, ob und - wenn ja - welche Elemente des Regelkreises den untersuchten Informationsflüssen zugeordnet werden können. Zur Erstellung eines betriebsspezifischen zeitbezogenen Regelkreises im Soll-Zustand und dessen Vergleich mit dem Ist-Zustand ist die Neukonzeption des Regelkreises parallel zum dargestellten Ist-Zustand mit Hilfe der gleichen Graphik (vgl. **Bild 7.6**) zu empfehlen.

Durch die bei der Ist-Analyse festgestellten Aufgaben (Regelkreiselemente) in den einzelnen Untersuchungsbereichen und deren graphisch aufbereiteten Beziehungen ist einerseits die Funktionsfähigkeit der Regelkreise direkt überprüfbar, andererseits aber auch der ggf. notwendige Handlungsbedarf erkennbar. Sind nicht alle Regelkreiselemente im Unternehmen vorhanden, müssen die Auswirkungen des Fehlens spezieller Regelkreiselemente überprüft werden. Ein weiteres Ergebnis der Überprüfung könnte sein, daß ein Regelkreiselement (z.B. Prüfen der Zeitdaten) zwar grundsätzlich vorgesehen ist, aber nicht alle notwendigen Informationen diesem Element direkt zugeführt werden. In einem solchen Fall muß untersucht werden, ob die existierenden Strukturen und Informationsflüsse zur Behebung des Informationsdefizits genutzt werden können.

Bestehende oder auch entwickelte Regelkreise müssen einer detaillierteren Betrachtung der EDV-Durchdringung unterzogen werden. Dabei liegt der Untersuchungsschwerpunkt in einer durchgängigen EDV-Unterstützung. Hilfreich für diese Untersuchung sind die beschriebenen graphischen Darstellungsmöglichkeiten. Zusätzliche Symbole für die Art der EDV-Anlage oder für die Art der Datenübermittlung vereinfachen den Überblick.

Vertikale Informationsflüsse

Die Ermittlung des Soll-Zustandes zeitdatenbezogener Verdichtungsstrukturen wird ebenfalls aufgrund der aufbereiteten Ist-Analyse durchgeführt. Dabei müssen zuerst die Verdichtungsstrukturen der Information Zeit im Ist-Zustand insbesondere vor dem Hintergrund überprüft werden, ob die dafür notwendigen Daten direkt, das heißt ohne zusätzlichen Aufwand, zur Verfügung stehen.

Die modifizierte Verdichtungsstruktur des Soll-Zustandes, die sich aus den überprüften Ergänzungswünschen der Ist-Analyse ergibt, muß zuerst auf Vollständigkeit und Durchgängigkeit überprüft werden, was z.B. bedeutet, daß für die einzelnen Unternehmensbereiche alle geforderten Kennzahlen berücksichtigt wurden und diese Kennzahlen mit den vorhandenen Zeitdaten gebildet werden können. Ist dies nicht der Fall, hat das normalerweise auch Auswirkungen auf das Sollkonzept der horizontalen Informationsflüsse, die die dafür benötigten Daten liefern.

Das daraus entwickelte vertikale Informationsflußkonzept sollte möglichst von der Datenerfassung bis zur höchsten Verdichtungsstufe EDV-unterstützt sein, da in der Regel solche Mengen von Zeitdaten - ggf. auch kombiniert mit weiteren Daten - verdichtet werden, daß eine manuelle Durchführung zu aufwendig wäre. Werden Möglichkeiten der Abweichungsanalyse, bei der auf Hintergrunddaten zurückgegriffen wird, gefordert (vgl. dazu Kapitel 2.2.3), so wird eine durchgängige EDV-Unterstützung zwingend erforderlich.

7.3.3 Soll-Zustand der elektronischen Datenverarbeitung

Die Entwicklung des Soll-Zustands der EDV wird mittels einer Überprüfung des EDV-Hilfsmittels im Unternehmen und Anpassung an die entwickelten Soll-Konzepte durchgeführt. Diese Überprüfung erfolgt auf Basis der Ergebnisse der durchgeführten Befragung.

Ebenso wie bei der Analyse der Übertragungsfrequenz ist es sinnvoll, die erfaßten Informationen mit einem gewünschten Soll-Zustand zu vergleichen. Dazu wird ein Anforderungsprofil für die Hilfsmittel zur Informationsverarbeitung erstellt. Bei der Auswahl der Hilfsmittel für den Soll-Zustand muß im Hinblick auf die zu verarbeitenden Informationsmengen u.a. berücksichtigt werden, wie häufig und mit welchem Aufwand die Hilfsmittel eingesetzt werden. Dabei ist jedoch zu beachten, daß nicht immer der Einsatz von EDV-Systemen grundsätzlich erforderlich oder auch wirtschaftlich ist.

In **Bild 7.8** ist ein Beispiel für ein mögliches Anforderungsprofil "Einsatz von Hilfsmitteln" aufgezeigt, wobei prinzipiell das Erstellen des Anforderungsprofils vor dem Hintergrund eines informationsflußbezogenen und betriebsorientierten EDV-Konzepts durchgeführt werden sollte. In der ersten Spalte werden dazu die Funktionen der Informationsverarbeitung eingetragen, die beispielsweise an die Regelkreiselemente angelehnt sein können. In den rechten Bereich werden mit Hilfe der Angaben aus dem Fragebogen die im Ist-Zustand "I" verwendeten Hilfsmittel eingetragen.

Dieses Anforderungsprofil des Ist-Zustandes kann dann von dem Profil des Soll-Zustandes ("S") überlagert werden, wodurch direkt überprüfbar wird, in welchen Informationsflüssen die Anforderungen erfüllt werden und in welchen Anpassungsmaßnahmen ergriffen werden müssen.

Elememte	Hilfsmittel zur Informationsverarbeitung						
					EDV-Anlage		
	konv.	mDE-G.	BDE-G.	MDE-G.	PC	Mini-R.	Groß-R.
Ermitteln	I	S					
Aufbereiten					I	S	
Verwalten	I						S
Analyse	I S						
Zeitvorgabe	I				S		
Erfassen	I		S				

Legende: I Istzustand
S Sollzustand

Bild 7.8: Ausschnitt eines Anforderungsprofils für die Hilfsmittel der Informationsverarbeitung (Firmenbeispiel)

7.4 Erfahrungen bei der Anwendung des Instrumentariums

Die entwickelten Hilfsmittel sind bei der Analyse der zeitwirtschaftlichen Informationsflüsse in dem Zweigwerk eines deutschen Großunternehmens, das mit ca. 400 Beschäftigten Pumpen verschiedener Bauarten und Größen herstellt, eingesetzt worden. Zeitdaten werden zur Zeit in diesem Unternehmen vorwiegend für die Entlohnung in den Bereichen Teilefertigung und Montage, für die Kalkulation und für die Fertigungssteuerung eingesetzt. Ziel der Untersuchung war, das bestehende Konzept für die Zeitwirtschaft zu analysieren und Vorschläge für das Soll-Konzept einer umfassenden Zeitwirtschaft zu erarbeiten.

Die Abteilungen, die zeitwirtschaftliche Daten des Unternehmens z.B. für die Durchführung der abteilungsbezogenen Aufgaben verwenden, wurden durch Befragung des AV-Leiters ermittelt. In diesen Abteilungen wurden anschließend die strukturierten Interviews durchgeführt und der Ist-Zustand mit den im Rahmen dieses Kapitels beschriebenen Hilfsmitteln graphisch dargestellt. Auszugsweise sind diese Ergebnisse in den Bildern der Kapitel 7.2 und 7.3 dokumentiert.

Die durchgeführte Ist-Analyse in diesem Unternehmen hat gezeigt, daß - bezogen auf die Zeitwirtschaft - kein integrierter Ansatz, sondern eine gewachsene Struktur mit abteilungsbezogener Durchführung zeitwirtschaftlicher Aufgaben vorliegt. Beispielsweise werden in der Abteilung "Offertkalkulation" Planzeittabellen auf Basis vorhandener auftragsbezogener Arbeitspläne entwickelt und ausschließlich in dieser Abteilung verwendet. In ähnlicher Form werden Planzeittabellen auch in der Abteilung "Arbeitsvorbereitung" nur für durchzuführende Aufgaben dieser Abteilung wie Arbeitsplanerstellung entwickelt. Im Gegensatz zur Abteilung "Offertkalkulation" werden die Planzeittabellen, die in der "Arbeitsvorbereitung" erstellt und verwendet werden, bei Veränderungen - z.B. Einsatz neuer Betriebsmittel - z.T. auch direkt aktualisiert.

Dieses Beispiel zeigt eines der Ergebnisse auf, das bei der Analyse des Ist-Zustandes ermittelt wurde. Als vorteilhaft hat sich die Verwendung des Fragebogens für eine effektive Durchführung der Interviews in den einzelnen Abteilungen herausgestellt. Die Analyse des Ist-Zustandes wäre aber allein auf Grundlage dieser Fragebögen nicht möglich gewesen. Erst durch die graphische Aufbereitung konnte der Ist-Zustand - z.B. durch Überprüfung der Informationsflüsse im Unternehmen oder durch Überprüfung der vorhandenen Elemente für einen zeitwirtschaftlichen Regelkreis - analysiert werden .

Mit den Ergebnissen der Ist-Analyse konnten Vorschläge für das Soll-Konzept der Zeitwirtschaft in diesem Unternehmen entwickelt werden. Für den Aufbau zeitwirtschaftlicher Regelkreise, die Übertragungshäufigkeit von zeitwirtschaftlichen Informationen oder für das Anforderungsprofil der EDV-Hilfsmittel im Soll-Zustand konnten die Hilfsmittel zur Darstellung des Ist-Zustandes verwendet werden.

Die durchgeführte Analyse im Unternehmen hat die grundsätzliche Praktikabilität dieses Instrumentariums gezeigt. Allerdings sind die entwickelten Hilfsmittel ohne eine methodische Vorgehensweise beim Aufbau einer Zeitwirtschaft nicht effektiv einsetzbar, so daß im folgenden Kapitel die Vorgehensweise - wie sie zum Teil schon bei der Anwendung dieses Instrumentariums genutzt wurde - vorgestellt wird.

8 Systematik zum Aufbau einer Zeitwirtschaft

Die im Rahmen dieser Arbeit abgeleitete methodische Vorgehensweise für den Aufbau von Informationssystemen basiert auf den Erkenntnissen bei der Durchführung komplexer Planungsaufgaben /vgl. MLBO 91, S. 273; MLPS 85, Teil 2, S. 34/ sowie den Erkenntnissen bei der Projektplanung /vgl. MLPS 85, Teil 4, S. 119/ und bei der Entwicklung von Informationssystemen /vgl. HETTICH 81, S. 80/. Aus den dort beschriebenen Vorgehensweisen wurde ein Systematik für die Gestaltung von Informationssystemen entwickelt, welche das Ausgangsmodell für die im folgenden beschriebene 5-stufige Systematik zum Aufbau einer Zeitwirtschaft darstellt (vgl. **Bild 8.1**).

	Vorgehensweise: Aufbau eines Informationssystems		Vorgehensweise: Aufbau einer Zeitwirtschaft
1	**Zielsetzung** - Formulierung der Zielsetzung - Abgrenzung der Aufgabenstellung	1	**Zielsetzung** - Aufbau einer umfassenden Zeitwirtschaft - Abgegrenzte Betrachtung der Information "Zeit"
2	**Systemanalyse** - Analyse der Aufgabenstellung - Ist-Analyse der Bereiche, die Informationen verwenden - Ist-Analyse der Informations-flüsse	2	**Systemanalyse** - Analyse der zukünftigen Ver-wendung von Zeitdaten - Ist-Analyse der Bereiche, die Zeitdaten verwenden - Ist-Analyse der zeitdatenbe-zogenen Informationsflüsse
3	**Systemplanung** - Planung der Informationsflüsse horizontale Informationsflüsse vertikale Informationsflüsse - Planung der Einbindung von Aufgaben des Informationssytems - Planung des EDV-Konzepts Hardwarekomponenten Softwarekomponenten	3	**Systemplanung** - Planung der zeitbezogenen Regelkreise - Planung des zeitbezogenen Verdichtungskonzepts - Auswahl der Zeitermittlungs-methoden - Planung der Einbindung zeit-wirtschaftlicher Aufgaben in den einzelnen Bereichen - Planung des EDV-Konzepts Zeitwirtschaft
4	**Systemabgleich** - Überprüfung des Realisierung des Informationssystems - Bewertung des Soll-Konzepts	4	**Systemabgleich** - Überprüfung des Soll-Konzepts Zeitwirtschaft - Bewertung des Soll-Konzepts Zeitwirtschaft
5	**Systemeinführung** - Integration des Informations-systems in das Unternehmen - Schulung der Mitarbeiter - Beschaffung der Hardware- und der Softwarekomponenten - Überprüfung der Zielerfüllung	5	**Systemeinführung** - Integration der Zeitwirtschaft in das Unternehmen - Schulung der Mitarbeiter - Beschaffung der Hardware- und der Softwarekomponenten - Überprüfung der Zielerfüllung

Bild 8.1: 5-stufige Systematik zum Aufbau einer Zeitwirtschaft

Stufe 1: Zielsetzung

Die Zielsetzung, eine umfassende Zeitwirtschaft mit horizontalem und vertikalem Informationsfluß aufzubauen, wird in der ersten Stufe festgelegt. Dabei sollte diese Aufgabenstellung möglichst nicht auf die gleichzeitige Gestaltung weiterer Informationen und deren Flüsse - wie der Qualität oder der Kosten - hin ausgeweitet werden; nur eine zielgerichtete, auf die Information "Zeit" hin orientierte Aufgabenstellung grenzt diese komplexe Aufgabe im Sinne der Durchführbarkeit weit genug ein.

Stufe 2: Systemanalyse

Das Ziel "Aufbau einer umfassenden Zeitwirtschaft" muß genau analysiert werden, um die Aufgabenstellung exakt formulieren zu können. In diesem Zusammenhang sind die Anwendungsgebiete der Zeitdaten (vgl. Kapitel 4.3) als Ausgangspunkt für die weitere Vorgehensweise von besonderem Interesse.

Die Analyse des Ist-Zustandes der zeitdatenbezogenen Informationssender, -empfänger, -verarbeiter und deren Beziehungen setzt die Kenntnis der Bereiche oder auch Funktionsträger voraus, die im Rahmen ihrer Aufgaben die Information "Zeit" verwenden. Als Startpunkt für die Ist-Analyse zeitdatenbezogener Informationsflüsse bietet sich ein Bereich wie die Arbeitsvorbereitung, in dem Zeitdaten eine große Bedeutung haben, an. Dabei kann die Durchführung dieser speziellen Aufgabenstellung durch die Verwendung der Kommunikationsmatrix (vgl. Kapitel 7.2) unterstützt werden. Mit Hilfe dieser Kenntnisse erfolgt die Festlegung der für die Informationsflußanalyse zu untersuchenden Bereiche. Die Analyse des Ist-Zustandes wird mit dem entwickelten Fragebogen (vgl Kapitel 7.1) durchgeführt und anschließend graphisch aufbereitet (vgl. Kapitel 7.2).

Grundsätzlich sind bei jeder Stufe Rücksprünge zu vorherigen Stufen möglich, und es muß auch eine kritische Überprüfung der Ergebnisse am Ende jeder Stufe durchgeführt werden. Nach Abschluß der Systemanalyse ist der Punkt erreicht, an dem die Zielsetzung auf Grundlage aller Informationen über den Ist-Zustand kritisch überprüft werden kann.

Stufe 3: Systemplanung

Nach der abgeschlossenen Überprüfung der Zielsetzung werden in dieser Stufe, auf Grundlage der Zielsetzung und der Aufgabenanalyse, die Soll-Konzepte der Informationsflüsse geplant. Dazu wird einerseits die im Kapitel 7 beschriebene Vorgehensweise unter Verwendung der dort entwickelten Planungshilfsmittel benutzt, andererseits kommt insbesondere die im Kapitel 4.3 beschriebene Auswahlsystematik für die Methoden der Zeitdatenermittlung zur Anwendung. Die Auswahl geeigneter Methoden zur Ermittlung von Zeitdaten ist ein zu lösendes

Problem zeitdatenbezogener Informationsflüsse. Nicht alle theoretischen Kombinationen der Rahmenbedingungen - wie "Anwendungsgebiet" oder "Organisationsgrad" - führen bei einer Methodenauswahl grundsätzlich zu einer Lösung; die Methoden der Zeitdatenermittlung geben die Rahmenbedingungen vor und nicht die Rahmenbedingungen die Methoden.

Neben der Planung der zeitdatenbezogenen Informationsflüsse muß die Planung auch die Einbindung der Zeitwirtschaft in die Aufbau- und Ablauforganisation des Unternehmens beinhalten, um Zuständigkeiten und Verantwortlichkeiten zu regeln. Insbesondere diese Aufgabe muß unter aktiver Mitwirkung der davon betroffenen Mitarbeiter und ggf. auch deren Interessenvertretern durchgeführt werden, um frühzeitig eine Identifizierung der Mitarbeiter mit diesem Projekt zu erreichen. Erst nach der Lösung dieser Aufgaben darf ein EDV-Konzept für die Zeitwirtschaft geplant werden (vgl. Kapitel 4.2 und Kapitel 5).

Stufe 4: Systemabgleich

Das entwickelte Soll-Konzept der Zeitwirtschaft muß auf die Durchführbarkeit und die Einhaltung der Zielsetzung überprüft werden. Dazu empfiehlt es sich, das entwickelte Konzept unter Einbindung weiterer kompetenter Personen zur Diskussion zu stellen. Das verabschiedete Soll-Konzept wird in der zweiten Phase dieser Stufe einer Bewertung unterzogen, wozu je nach Voraussetzungen z.B. eine Nutzwertanalyse oder eine Wirtschaftlichkeitsbetrachtung geeignet ist.

Stufe 5: Systemeinführung

Nach positivem Abschluß der Überprüfung und der Bewertung des Soll-Konzepts kann die geplante Zeitwirtschaft im Unternehmen realisiert werden. Dazu muß die ggf. notwendige Änderung der Organisation im Unternehmen durchgeführt und parallel dazu kann der Kauf und die Installation der Hard- und Softwarekomponenten eingeleitet werden. Der Schulung der Mitarbeiter, die von der Erlernung neuer Methoden bis zum Umgang mit neuen Hard- und Softwarekomponenten reichen kann, muß eine hohe Priorität eingeräumt werden, da das Informationssystem "Zeitwirtschaft" letztendlich nur so gut sein wird, wie die Mitarbeiter, die ihren Teil der Arbeit zum Bestehen des zeitdatenbezogenen Informationsflusses beitragen.

Die Überprüfung des eingeführten Systems Zeitwirtschaft als letzte Phase dieser Stufe ist nicht nur im Sinne des Projektabschlusses zum Aufbau einer Zeitwirtschaft zu sehen, sondern vielmehr wieder als das Element "Soll- / Ist-Vergleich" eines kontinuierlich ablaufenden Regelkreises. Änderungen der Zielsetzung oder Veränderungen des Informationssystems Zeitwirtschaft müssen dann ggf. diese 5-stufige Systematik wieder aktivieren.

9 Zusammenfassung

Angesichts geänderter Wettbewerbsbedingungen gewinnt die Zeit eine immer entscheidendere Bedeutung für die Wettbewerbsstrategie eines Unternehmens. Zeit ist eine knappe Ressource. Zeit durch kurze Durchlaufzeiten von der Produktionsidee bis zum lieferbaren Produkt zu sparen, verbessert die Wettbewerbssituation hinsichtlich möglicher Marktanteile und auch hinsichtlich der Kosten- und Preissituation. Diese Entwicklung macht es - unter der Voraussetzung einer gesicherten Qualität - notwendig sich von dem alleinigen Ziel "Kosten sparen" auf das Ziel "Kosten und Zeit sparen" hin neu auszurichten. Die Erfüllung des Ziels "Zeit sparen" erfordert ein umfassendes System "Zeitwirtschaft" im Unternehmen, um die notwendigen Informationen über die Führungsgröße "Zeit" bereitzustellen.

Der Aufbau einer solchen Zeitwirtschaft für ein Unternehmen stellt ein komplexes Planungsproblem dar, das durch die Entwicklung einer systematischen Vorgehensweise gelöst werden kann. Im Rahmen der vorliegenden Arbeit wurde eine 5-stufige Systematik zum Aufbau einer Zeitwirtschaft mit den zugehörigen Planungshilfsmitteln entwickelt. Dazu wurden Informationssysteme, die den Integrationsaspekt berücksichtigen, untersucht, daraus allgemeine Anforderungen abgeleitet und auf das Informationssystem Zeitwirtschaft übertragen. Diese Vorgehensweise ist erforderlich, da Systeme der Informationsverarbeitung für verschiedene Anwendungsfälle - aber nicht für das Bewirtschaften von Zeitdaten - existieren, um auf dem derzeitigen Entwicklungsstand solcher Systeme aufbauen zu können.

Am Anfang des methodischen Vorgehens wird die komplexe Planungsaufgabe abgegrenzt und das zu planende System Zeitwirtschaft entsprechend den vorgegebenen Modellen beschrieben. Anschließend erfolgt die Analyse der zukünftigen Zeitdatenverwendung und die Analyse der zeitdatenbezogenen Informationsflüsse. Für die Informationsflußuntersuchungen, die den Ist-Zustand ermitteln sollen, sind verschiedene Hilfsmittel für die Untersuchung und für die Darstellung der Ergebnisse entwickelt worden. Ein wichtiger Aspekt bei der Auswahl und der Entwicklung war, daß die ausgewählten Darstellungsformen nicht nur zur Darstellung des Ist-Zustandes, sondern auch für die Entwicklung des Soll-Zustandes geeignet sind.

Ein umfassendes System Zeitwirtschaft basiert auf der Planung von zeitdatenbezogenen Informationsflüssen entsprechend der im Rahmen dieser Arbeit beschriebenen Regelkreise und dem Verdichtungskonzept für Zeitdaten. Die ursächliche Voraussetzung für die Realisierung der Informationsflüsse - und somit auch der Zeitwirtschaft - ist die Existenz von aktuellen Zeitdaten, die die gestellten

Anforderung erfüllen. Die Auswahl der Methode, die die jeweiligen Anforderungen zur Ermittlung der Zeitdaten erfüllen, stellt somit ein zu lösendes Problem dar.

Das entwickelte Auswahlverfahren ermöglicht aus zwanzig unterschiedlichen Methoden - entsprechend den vorgegebenen Anforderungen - die Auswahl "geeigneter" Methoden. Somit unterstützt dieses Hilfsmittel einerseits den Entscheidungsprozeß systematisch, andererseits zeigt es aber auch ggf. erforderliche Änderungen des geplanten Systems Zeitwirtschaft auf, wenn die benötigten Zeitdaten im Rahmen der bekannten und betrachteten Methoden nicht ermittelbar sind.

Die Anwendbarkeit der entwickelten Hilfsmittel und des Auswahlverfahrens hat der Einsatz in der industriellen Praxis gezeigt. Dabei ist der gewählte, nicht EDV-unterstützte Ansatz für diese Planungsaufgabe vor dem Hintergrund vertretbar, daß sich diese Aufgabe i.d.R. im Unternehmen nicht routinemäßig wiederholt.

Den Anspruch, eine umfassende Zeitwirtschaft aufbauen zu wollen, wird nicht jedes Unternehmen erheben wollen. Eine pauschale Ausgrenzung solcher Unternehmen - beispielsweise nach Firmengröße oder Fertigungsart - ist grundsätzlich nicht möglich. Die Auswahl geeigneter Ermittlungsmethoden für Zeitdaten, als Basis jeglicher Formen von zeitdatenbezogenen Informationsflüssen, hängt von den zu erfüllenden Aufgaben und bei der Entlohnung von der Entlohnungsform (z.B. Zeit-, Akkord- oder Prämienlohn) sowie dem Grad der jeweiligen Organisation ab. Der Organisationsgrad ist nicht auf spezielle Unternehmenstypen bezogen, sondern spiegelt den Aufwand der Gestaltung von Unternehmensbereichen wider. Dieser zu betreibende Gestaltungsaufwand, der letztendlich auch monetären Aufwand bedeutet, kann nur in Verbindung mit den durchzuführenden zeitwirtschaftlichen Aufgaben gesehen werden. Muß festgestellt werden, daß entsprechend dem geplanten oder durchgeführten Gestaltungsaufwand keine umfassende Zeitwirtschaft realisiert werden kann, ist es mit dieser Systematik - aufgrund der bisherigen Ergebnisse durch Veränderungen der Zielsetzung (z.B. der zeitwirtschaftlichen Aufgaben) - möglich, eine für diesen Fall "optimale" Zeitwirtschaft aufzubauen.

Die Aufgabe im Rahmen der vorliegenden Arbeit war die Entwicklung einer Systematik zum Aufbau einer umfassenden Zeitwirtschaft. Die Minimierung der Zeitwirtschaft durch Reduktion zeitwirtschaftlicher Aufgaben böte sich aber unter der Prämisse, die Zeitwirtschaft (noch in Grenzen) funktionsfähig zu erhalten, als Fortführung dieser Arbeit an, um dann neben einer umfassenden Zeitwirtschaft auch eine minimierte Zeitwirtschaft beschreiben zu können.

10 Literatur

/AUGUSTIN 90/ Augustin, S.:
Informationslogistik - worum es wirklich geht!
In: io-Management Zeitschrift 59 (1990) 9, S. 31 - 34.

/AWF 85/ AWF (Hrsg.):
CIM Integrierter EDVEinsatz in der Produktion.
Beispiele, Definitionen, Funktionszuordnungen.
Eschborn, 1985.

/BARFKNECHT 89/ Barfknecht, P.:
Integration statt Isolation.
In: Maschinenmarkt 95 (1989) 39, S. 64 - 69.

/BECKS 85/ Becks, C.:
Entwicklungstendenzen in der Zeitwirtschaft.
In: Planung und Produktion (1985) 2, S. 11 - 16.

/BECKS 90a/ Becks, C.:
Planzeiten in der Praxis.
In: Deutsches Industrial Engineering-Jahrbuch 1990.
REFA-Institut (Hrsg.), Darmstadt, 1990.

/BECKS 90b/ Becks, C.:
EDV-gestützte Zeitwirtschaft.
In: Tagungsband "Zeitwirtschaft im Umbruch".
Techno Congress (Hrsg.), München, 30.-31.01.1990.

/BELINO 90/ Belino, P. von:
Problemfeld Zeitwirtschaft und PPS-Systeme.
In: Tagungsband "Zeitwirtschaft im Umbruch".
Techno Congress (Hrsg.), München, 30.-31.01.1990.

/BENDEICH 80/ Bendeich, E.:
Wirtschaftliche Datenerfassung in Klein- und Mittelbetrieben.
AWV-Fachbericht 252.
Verlag Moderne Industrie, München, 1980.

/BIALLO 90/ Biallo, H.:
Planungshürden sind programmiert.
In: Management Wissen (1990) 6, S. 74 - 78.

/BOBENHAUSEN 88/ Bobenhausen, F.:
Durchlaufzeitstruktur.
Dissertation. Universität Dortmund.
Verlag TÜV-Rheinland, Köln, 1988.

/BULLINGER 90/ Bullinger, H.-J.:
Ohne Human Integrated Manufacturing kein CIM.
In: io-Management Zeitschrift 59 (1990) 6, S. 48 - 52.

/BUSCH 90/ Busch, E.:
Zeitwirtschaft - Pfeiler der Produktivität.
In: Deutsches Industrial Engineering-Jahrbuch 1990.
REFA-Institut (Hrsg.), Darmstadt, 1990.

/DANGELMAIER 90/ Dangelmaier, W.:
Material- und Informationsfluß-Integration in einem CIM-Konzept.
In: Fördertechnik 59 (1990) 2, S. 13-17.

/DNA 88/ Deutscher Normenausschuß (Hrsg.):
DIN 44300. Informationsverarbeitung: Begriffe.
Teil 1. Beuth-Verlag, Berlin, November 1988.

/DORNER 90/ Dorner, F.:
Zeitwirtschaft in indirekten Bereichen.
In: FIR-Mitteilungen (1990) 4, S. 3 - 4.

/EIDENMÜLLLER 89/ Eidenmüller, B.:
Die Produktion als Wettbewerbsfaktor. Herausforderung an das Produktionsmanagement.
Verlag TÜV Rheinland, Köln, 1989.

/EIFF 89/ Eiff, W.:
CIM-orientiertes Informations-Management.
In: CIM Management 5 (1989) 5, S. 63 - 74.

/EUSEMANN 90/ Eusemann, E.:
Wenn die Automatisierungsinseln verschwinden wächst die Transparenz.
In: VDI-Nachrichten 44 (1990) 46, S. 10.

/EVERSHEIM 89a/ Eversheim, W.; Borg, A.; Wiegershaus, U.:
Logistik-Szenario für die neue Fabrik.
In: VDI-Z 131 (1989a) 5, S. 52 - 57.

/EVERSHEIM 89b/ Eversheim, W.; Jacobs, S.:
Transparenz im Werkzeugbau.
In: VDI-Z. 131 (1989b) 3, S. 37 - 40.

/FEIG 90/ Feig, H.-J.; Griese, J.:
EDI - ein (seit Jahren) aktuelles Schlagwort.
In: Logistik Spektrum 2 (1990) 6, S. 111.

/FILZ 89/ Filz, B.:
Kennzahlensysteme für die Distribution.
TÜV Rheinland Verlag, Köln, 1989.

/FISCHER 91/ Fischer, R.:
Des Menschen Zeit?
In: Z. Arb.wiss. 45 (1991) 2, S. 65 - 69.

/FRÖHLICH 90/ Fröhlich, O.:
Kennzahlen: Führungsinstrumente auch für das Marketing.
In: io-Management Zeitschrift 59 (1990) 5, S. 43 - 47.

/GABLER 88/ Gabler (Hrsg.):
Gabler Wirtschafts-Lexikon.
Band 1 und Band 2. 12. Auflage.
Gabler Verlag, Wiesbaden, 1988.

/GANZ 87/ Ganz, G.:
CIM ist keine Frage der Betriebsgröße.
In: Die Computer Zeitung 19 (1987) 22, S. 23.

/GAST 85/ Gast, O.:
Analyse und Grobprojektierung von Logistik-Informationssystemen.
Springer-Verlag, Berlin, 1985.

/GEISS 86/ Geiß, W.:
Betriebswirtschaftliche Kennzahlen.
Lang Verlag, Frankfurt, 1986.

/GLATZ 85/ Glatz, H.:
ZBU - eine Technik zur Steigerung der Effizienz in der Zeitwirtschaft.
In: FB/IE 34 (1985) 1, S. 20 - 23.

/GLATZ 86/ Glatz, H.:
Zeitwirtschaft - ein Erfolgspotential wieder entdecken!
In: io-Management Zeitschrift 55 (1986) 4, S. 290 - 294.

/GLATZ 89/ Glatz, H.:
Zeitwirtschaft im Wandel der Führungs- und Organisationsstrukturen.
In: Tagungsband "Zeitwirtschaft im Umbruch".
Techno Congress (Hrsg.), München, 30.-31.01.1990.

/GRIESE 90/ Griese, J.:
EDI - Schlagwort oder strategische Logistikausrichtung für die 90er Jahre.
In: Logistik Spektrum 2 (1990) 6, S. 112 - 113.

/HACKSTEIN 80/ Hackstein, R.; Maluche, C.:
Kennzahlen aus fertigungsbezogenen Daten.
In: AV 17 (1980) 5, S. 123 - 124.

/HACKSTEIN 85/ Hackstein, R.:
Einführung in die technische Ablauforganisation.
Hanser Verlag, München, 1985.

/HAIMERL 90/ Haimerl, L. J.:
Handliches Informationssystem steuert den Unternehmserfolg.
In: io-Management Zeitschrift 59 (1990) 10, S. 45 - 49.

/HECKMANN 90/ Heckmann, H.:
Zeitwirtschaft in der Einzelfertigung.
In: Deutsches Industrial Engineering-Jahrbuch 1990.
REFA-Institut (Hrsg.), Darmstadt, 1990.

/HEINISCH 73/ Heinisch, I.; Sämann, W.:
Planzeitwerte im Büro.
Beuth Verlag, Berlin, 1973.

/HEINZ 89a/ Heinz, K.:
Zeitwirtschaft ist mehr als ein PPS-Modul.
In: Deutsches Industrial Engineering-Jahrbuch 1989.
REFA-Institut (Hrsg.), Darmstadt, 1989(a).

/HEINZ 89b/ Heinz, K.; Olbrich, R.:
Zeitdatenermittlung in indirekten Bereichen.
Verlag TÜV-Rheinland, Köln, 1989(b).

/HEINZ 90a/ Heinz, K.; Olbrich, R.:
Zeiten ermitteln in indirekten Bereichen.
In: AV 27 (1990a) 6, S. 4 - 9.

/HEINZ 90b/ Heinz, K.; Olbrich, R.:
Rechnerunterstützung in der Zeitwirtschaft.
In: REFA-Nachrichten 43 (1990b) 1, S. 4 - 9.

/HEINZ 90c/ Heinz, K.:
Zeitwirtschaft ist mehr als ein PPS-Modul.
In: Deutsches Industrial Engineering-Jahrbuch 1990.
REFA-Institut (Hrsg), Darmstadt, 1990(c).

/HEINZ 91/ Heinz, K.; Vornbäumen, J.:
Zeitermittlung mit dem MMZ-Verfahren.
In: FB/IE 40 (1991) 5, S. 237 - 241.

/HEMMERS 81/ Hemmers, K.; Thomas, W.:
Zeit- und Kapazitätsplanung in indirekten Bereichen.
In: FB/IE 30 (1981) 6, S. 433 - 439.

/HEMMERS 83/ Hemmers, K.; Rollmann, M.:
Personalbedarfsplanung in indirekten Bereichen mit Hilfe einer Kennzahlenmethode.
In: Vortragsunterlagen zum Aachener Rationalisierungs-Kongreß'83, VDI-Berichte Nr. 490.
VDI Verlag, Düsseldorf, 1983.

/HETTICH 81/ Hettich, G.:
Struktur, Funktion und Effizienz betrieblicher Informationssysteme.
Dissertation. Universität Tübingen, 1981.

/JOHN 84/ John , B.; Rausch, J.; Schwittalla,H.:
Ein System der rechnerunterstützten Erfassung und Auswertung von Zeitaufnahmen.
In: AV 21 (1984) 1, S. 7 - 12.

/JOHN 87/	John, B.: Handbuch der Planzeiten-Praxis. Hanser Verlag, München, 1987.
/JÜNEMANN 90/	Jünemann, R.: Der Mensch als Knotenpunkt von System und Organisation. In: Fördertechnik 59 (1990) 10, S. 13-16.
/JUSTENHOVEN 90/	Justenhoven, G.: EDI rationalisiert die Datenkommunikation. In: Logistik Spektrum 2 (1990) 6, S. 114 - 115.
/KELLER 87/	Keller, E.: CIM für Klein- und Mittelbetriebe. In: Der Betriebsleiter 28 (1987) 10, S. 26 - 32.
/KELLER 90/	Keller, G.; Kern, S.: Verwirklichung des Integrationsgedankens durch CIM-Ansätze. In: zfo 59 (1990) 4, S. 228 - 230.
/KLAUS 92/	Klaus, M.: Zweckorientierte Datenermittlung in der Zeitwirtschaft. In: VDI-Z 134 (1992) 4, S. 42 - 44.
/KNIPP-RENTROP 75/	Knipp-Rentrop, K.: Computerunterstützte Beurteilung betrieblicher Informationsflüsse. Dissertation. TU München, 1975.
/LAURIG 90/	Laurig, W.: Grundzüge der Ergonomie: Erkenntnisse und Prinzipien. 3. Auflage. Beuth Verlag, Berlin, 1990.
/MEWES 85/	Mewes, R.: Die Instandhaltung transparent machen. In: VDI-Z 127 (1985) 7, S. 242 - 246.
/MILBERG 91/	Milberg, J.; Koepfer, Th.: Wettbewerbsvorteile durch rechnerintegrierte Konstruktion und Produktion. In: VDI-ADB Jahrbuch 91/92. VDI-Verlag, Düsseldorf, 1991.

/MLA 78/ REFA (Hrsg.):
Methodenlehre des Arbeitsstudiums (MLA).
Teil 2: Datenermittlung.
6. Auflage. Hanser Verlag, München, 1978.

/MLBO 91a/ REFA (Hrsg.):
Methodenlehre der Betriebsorganisation.
Teil: Arbeitsgestaltung in der Produktion.
1. Auflage. Hanser Verlag, München, 1991.

/MLBO 91b/ REFA (Hrsg.):
Methodenlehre der Betriebsorganisation.
Teil: Arbeitsgestaltung im Bürobereich.
1. Auflage. Hanser Verlag, München, 1991.

/MLO 85/ REFA (Hrsg.):
Methodenlehre der Organisation für Verwaltung und Dienstleistung. Teil 2 und Teil 3.
Hanser Verlag, München, 1985(b).

/MLPS 85/ REFA (Hrsg.):
Methodenlehre der Planung und Steuerung.
Teil 1 bis Teil 5.
4. Auflage. Hanser Verlag, München 1985.

/MTM 75/ MTM (Hrsg.):
Lehrgangsunterlagen MTM-Standard-Daten.
DMTM e.V., Hamburg, 1975.

/MTM 81/ MTM (Hrsg.):
Lehrgangsunterlagen MTM-Grundverfahren.
DMTM e.V., Hamburg, 1981.

/MTM 86/ MTM (Hrsg.):
Lehrgangsunterlagen MTM für die Einzel- und Kleinserienfertigung (MEK).
DMTM e.V., Hamburg, 1986.

/NICKEL 90/ Nickel, E.:
Neue Informationstechnologien für die Fertigung.
In: wt-Werkstattstechnik 80 (1990) 3, S. 265 - 269.

/OBENAUF 85/ Obenauf, J.; Verhoeven, A.:
Konzeption einer Zeitdatensystematik für Tätigkeiten in Materialflußsystemen.
Schlußbericht zum AIF-Projekt 5159, Dortmund, 1985.

/OBENAUF 86/ Obenauf, J.:
Beitrag zur Verbesserung der Organisation innerbetrieblicher Materialflußsysteme durch eine rechnergestützte Zeitwirtschaft.
Dissertation. Universität Dortmund, 1986.

/OBENAUF 87/ Obenauf, J.:
Rechnergestützte Zeitwirtschaft.
Unterlage zum Referat anläßlich der Informationstagung der Work-Factor-Gemeinschaft für Deutschland e. V.,
12. - 13. Nov. 1987, Bielefeld.

/OLBRICH 91/ Olbrich, R.:
Planzeitermittlung [Teil I].
In: Seminarunterlage "Planzeitermittlung".
AWF, Bad Soden, November 1991.

/OLBRICH 92/ Olbrich, R.; Thomalla, M.; Kopp, E.:
Zeitwirtschaft in der Instandhaltung.
In: Warnecke, H. J. [Hrsg.]: Handbuch der Instandhaltung.
Band 1: Instandhaltungsmanagement.
2. Auflage. Verlag TÜV Rheinland, Köln, 1992.

/PAPENFUSS 88/ Papenfuß, R.; Theis, K.- D.:
Die Work-Factor-Verfahren.
In: Angew. Arbeitswiss. (1988) 117, S. 3 - 18.

/PICOT 90/ Picot, A.:
Der Produktionsfaktor Information in der Unternehmensführung.
In: Information Management 5 (1990) 1, S. 6 - 14.

/PORNSCHLEGEL 87/ Pornschlegel, H.:
Konzepte der Arbeitsorganisation am Scheideweg.
In: afa 37 (1987) 5, S. 1 - 32.

/QUICK 65/ Quick, J.H.; Duncan, J.H.; Malcolm, J.A.:
Das Work-Factor-Buch. Hanser Verlag, München, 1965.

/RÖSCH 91/ Rösch, E.:
EDIFACT.
In: CIM Management 7 (1991) 4, S. 23 - 27.

/ROSCHMNN 91/ Roschmann, K.:
Betriebsdatenerfassung 1991.
In: FB/IE 40 (1991) 5, S. 200 - 247.

/ROSE 90/ Rose, B.:
Information Modeling erhöht die Unternehmensschlagkraft.
VDI-Nachrichten 43 (1990) 29, S. 5.

/ROTH 91/ Roth, H.:
Entwicklungstendenzen in der Zeit- und Betriebsdatenerfassung.
In: Zeitwirtschaft für Logistik 57(1991) 4, S. 40-46.

/RUTT 91/ Rutt, H.:
Zeitwettbewerb - Herausforderung für die Unternehmensstrategie der 90er Jahre.
In: Wettbewerbsfaktor Zeit im Produktionsunternehmen.
Springer Verlag, Berlin, 1991.

/SALWICZEK 82/ Salwiczek, P.:
Rechnerunterstützte Planung und Gestaltung manueller Arbeitsmethoden auf der Basis eines Systems vorbestimmter Zeiten.
Dissertation. Universität Dortmund.
Fortschritt-Berichte der VDI-Z, Düsseldorf, 1982.

/SCHEER 87/ Scheer, A. W.:
CIM: Computer Integrated Manufacturing.
Der computergesteuerte Industriebetrieb.
2. Auflage. Springer-Verlag, Berlin, 1987.

/SCHMIDHÄUSLER 90/ Schmidhäusler, F.-J.:
EIS - Executive Information System.
In: zfo 59 (1990) 2, S. 118 - 127.

/SCHÖNEWOLF 80/ Schönewolf, H.-F.:
Das Work-Factor-Blockverfahren im programmierbaren Taschenrechner TI 59.
In: AV 17 (1980) 3, S. 77 - 79.

/SCHUHMACHER 72/ Schuhmacher, B.:
Die Anwendung von Zeitstandards in "Büro und Verwaltung".
In: ZwF 67 (1972) 12, S. 678 - 681.

/SHAH 87/ Shah, R.:
Erfahrungen europäischer CIM-Anwender.
In: VDI-Z 129 (1987) 1, S. 34 - 43.

/SIEMENS 72/ Siemens (Hrsg.):
Das Mento-Factor-Verfahren.
In: Arbeitstechnische Reihe, 2. Auflage.
Siemens, Nürnberg, 1972.

/SIEPER 88/ Sieper, H. P.; Syska, A.:
Logistik-Kennzahlen nach Maß.
In: Distribution 19 (1988) S. 9.

/SIMON 86/ Simon, A.:
Personalbemessung, Verfahren und Anwendungsbeispiele.
IfaA-Verlag, Köln, 1986.

/SIMON 91/ Einführung einer rechnergestützten Zeitermittlung und Zeitverarbeitung.
In: Angew. Arbeitswiss. (1991) 130, S. 1 - 43.

/SIMONS 87/ Simons, B.:
Das Multimoment-Zeitmeßverfahren.
Dissertation. Universität Dortmund.
Verlag TÜV Rheinland, Köln, 1987.

/SPÖRRI 88/ Spörri, R.:
Moderne Vorgehensweise bei der Erstellung von Zeitberechnungunterlagen.
In: Planung und Produktion 57 (1988) 3, S. 21 - 24.

/SPUR 91/ Spur, G.:
Rationalisierung zeitbestimmender Arbeitsprozesse.
In: Wettbewerbsfaktor Zeit im Produktionsunternehmen.
Springer Verlag, Berlin, 1991.

/STICH 88/ Stich, V.:
Planzeiteneinsatz in Industriebetrieben.
In: REFA-Nachrichten 41 (1988) 2, S. 14 - 21.

/SUZAKI 89/ Suzaki, K,:
Modernes Management im Produktionsbetrieb.
Hanser Verlag, Wien, 1989.

/TREUTELING 90/ Treuteling, W.:
Entscheidungen gut vorbereiten.
In: FIR-Mitteilungen (1990)1, S. 3 - 6.

/VALLONE 90/ Vallone, C.:
Informationsmanagement wird zur Führungsbasis (Teil 1).
In: io-Management Zeitschrift 59 (1990) 1, S. 80 - 83.

/VDI 89/ VDI-ADB (Hrsg.):
CIM-Studie. Stand der CIM-Realisierung in der Bundesrepublik Deutschland.
In: VDI-Jahrbuch 89/90. VDI-Verlag, Düsseldorf, 1989.

/VDI 90a/ VDI-Gemeinschaftsausschuß CIM (Hrsg.):
Rechnerintegrierte Konstruktion und Produktion.
VDI-Verlag, Düsseldorf, 1990(a).

/VDI 90b/ Verein Deutscher Ingenieure (Hrsg.):
VDI-Richtlinie: VDI 5010.
Beuth-Verlag, Berlin, 1990(b).

/VOLKMER 87/ Volkmer, A.:
Rechnergestützte Zeitwirtschaft.
In: AV 24 (1987) 4, S. 133 - 135.

/WARNECKE 91/ Warnecke, H.-J.:
Innovativer Wertewandel.
In: wt-Werkstattstechnik 61 (1991), S. 665 - 666.

/WEIL 86/ Weil, R.:
Die Bedeutung des Prämienlohns im Rahmen moderner Lohnstrukturen.
In: Angew. Arbeitswiss. (1986) 110, S. 4 - 58.

/WFGD o.J./ WFGD (Hrsg.):
Das Work-Factor-System.
Form WF 100, Frankfurt/Main o.J.

/WIENDAHL 89/ Wiendahl, H.-P.:
Betriebsorganisation.
3. Auflage. Hanser Verlag, München, 1989.

/WILDEMANN 91/ Wildemann, H.:
Zeit als Wettbewerbsfaktor durch Motivation und Qualifikation.
In: Wettbewerbsfaktor Zeit im Produktionsunternehmen.
Springer Verlag, Berlin, 1991.

/WILLENBACH 91/ Willenbach, K.:
Was erwarten die Betriebe von der Zeitwirtschaft?
In: FB/IE 40 (1991) 1, S. 4 - 7.

/WITTE 91/ Witte, S.:
Effizientere Mitarbeiter im Warenverteilzentrum.
In: io-Management Zeitschrift 60 (1991) 3, S. 35 - 37.

/WULFFEN 90/ Wulffen, A.:
So ist Informationsmanagement wirkungsvoll.
In: io-Management Zeitschrift 59 (1990) 9, S. 43 - 47.

/ZANDER 88/ Zander, E.:
Tendenzen der Arbeits- und Zeitwirtschaft.
In: Personal 9 (1988) 1, S. 7 - 9.

/ZANDIN 90/ Zandin, K. B.:
MOST. Work measurement systems:
Basic MOST, Mini MOST, Maxi MOST.
2nd edition. Dekker Verlag, New York, 1990.

/ZANGEMEISTER 76/ Zangemeister, C.:
Nutzwertanalyse in der Systemtechnik.
4. Auflage. Verlagskommission Wittemannsche Buchhandlung, München, 1976.

/ZÜST 90/ Züst, T.:
Datenverbundsystem: Eine Voraussetzung für CIM.
In: io-Management Zeitschrift 59 (1990) 6, S. 77 - 80.

Anhang

Teil I: Auswahlverfahren für die Methoden der Zeitermittlung

Auswahlverfahren in der Übersicht

1. Schritt des Auswahlverfahrens
2. Schritt des Auswahlverfahrens
3. Schritt des Auswahlverfahrens
4. Schritt des Auswahlverfahrens
5. Schritt des Auswahlverfahrens
6. Schritt des Auswahlverfahrens

Teil II: Ist-Analyse zeitbezogener Informationsflüsse

Fragebogen zur Ist-Analyse zeitwirtschaftlicher Informationsflüsse

Teil III: Hilfsmittel zur Darstellung des Ist-Zustandes und zur Entwicklung des Soll-Zustandes

Darstellung von Regelkreisen

Tabelle für die Übertragungshäufigkeiten der Zeitdaten

Tabelle für die Erstellung des Anforderungsprofils der Hilfsmittel zur Informationsverarbeitung

Teil I: Auswahlverfahren für die Methoden der Zeitermittlung

1	Bereichsspezifische Aufgaben und Tätigkeiten ermitteln sowie mögliche Zeitermittlungsmethoden auswählen	Bild 1.3 Bild 1.4-1 bis -4
2	Anwendungsgebiete festlegen und mögliche Zeitermittlungsmethoden auswählen	Bild 1.5
3	Organisationsgrad bestimmen und mögliche Zeitermittlungsmethoden auswählen	Bild 1.6-1 bis -4 Bild 1.7 Bild 1.8
4	Zwischenauswertung zur Reduzierung der weiteren Auswahlmöglichkeiten	Bild 1.9
5	Nutzwertanalyse auf die restlichen Zeitermittlungsmethoden anwenden und Rangfolge bilden	Bild 1.10 Bild 1.11 Bild 1.12-1 bis -4
6	Anwenderunterstützte Auswahl der Zeitermittlungsmethoden mit Hilfe von Informationsblättern	Bild 1.13-1 bis Bild 1.13-10

Bild I.1 : Auswahlverfahren in der Übersicht

Methode 1:	Selbstaufschreibung
Methode 2:	Multimoment-Zeitmeßverfahren
Methode 3:	Befragen
Methode 4:	Zeitaufnahme
Methode 5:	Globales Schätzen
Methode 6:	Unterteiltes Schätzen
Methode 7:	Schätzen mit Zeitklassen
Methode 8:	Berechnen
Methode 9:	MTM-Grundverfahren
Methode 10:	MTM-Standarddaten
Methode 11:	MTM-MEK
Methode 12:	MTM-UAS
Methode 13:	WF-Grundverfahren
Methode 14:	WF-Schnellverfahren
Methode 15:	WF-Blockverfahren
Methode 16:	WF-Mento-Compact
Methode 17:	Basic-MOST
Methode 18:	Clerical-MOST
Methode 19:	Mini-MOST
Methode 20:	Maxi-MOST

Bild I.2: Nummerung der Zeitermittlungsmethoden

Einsatzbereichsspezifische Aufgaben/Tätigkeiten...	Zeitermittlungsmethoden																			
	1	2	3	4	5	6	7	8	9	10	11	12	13	14	15	16	17	18	19	20
im Vertrieb	◆	◇	◆	◇	◆	◆	◆	◇	◇	◇	◇	◇	◇	◇	◇	◇	◇	◆	◇	◇
in der Entwicklung	◆	◇	◆	◇	◆	◆	◆	◇	◇	◇	◇	◇	◇	◇	◇	◇	◇	◇	◇	◇
in der Konstruktion	◆	◇	◆	◇	◆	◆	◆	◇	◇	◇	◇	◇	◇	◇	◇	◇	◇	◇	◇	◇
in der Fertigungsvorbereitung	◆	◇	◆	◇	◆	◆	◆	◇	◇	◇	◇	◇	◇	◇	◇	◇	◇	◇	◇	◇
in der Fertigung	◆	◆	◆	◆	◆	◆	◆	◈	◆	◆	◆	◆	◆	◆	◆	◇	◆	◇	◆	◆
in der Fertigungssteuerung	◆	◇	◆	◇	◆	◆	◆	◇	◇	◇	◇	◇	◇	◇	◇	◇	◇	◈	◇	◇
im innerbetrieblichen Transport	◆	◆	◆	◆	◆	◆	◆	◈	◆	◆	◆	◆	◆	◆	◆	◇	◆	◇	◆	◆
im Lagerwesen	◆	◆	◆	◆	◆	◆	◆	◇	◆	◆	◆	◆	◆	◆	◆	◈	◆	◇	◆	◆
in der Qualitätssicherung	◆	◇	◆	◇	◆	◆	◆	◇	◇	◇	◇	◇	◇	◇	◇	◇	◇	◇	◇	◇
in der Qualitätskontrolle	◆	◈	◆	◈	◆	◆	◆	◇	◈	◈	◈	◈	◈	◈	◈	◆	◈	◇	◈	◈
in der geplanten Instandhaltung	◆	◈	◆	◈	◆	◆	◆	◇	◈	◈	◈	◈	◈	◈	◈	◇	◈	◈	◈	◈
in der schadensbed. Instandhaltung	◆	◇	◆	◇	◆	◆	◆	◇	◇	◇	◇	◇	◇	◇	◇	◇	◇	◇	◇	◇
im Versand	◆	◇	◆	◇	◆	◆	◆	◇	◇	◇	◇	◇	◇	◇	◇	◇	◇	◆	◇	◇
im Kundendienst	◆	◇	◆	◇	◆	◆	◆	◇	◇	◇	◇	◇	◇	◇	◇	◇	◇	◇	◇	◇
im Verpackungswesen	◆	◆	◆	◆	◆	◆	◆	◇	◆	◆	◆	◆	◆	◆	◆	◇	◆	◇	◆	◆
in den administrativen Bereichen	◆	◈	◆	◇	◆	◆	◆	◇	◇	◈	◇	◇	◇	◇	◇	◇	◇	◆	◇	◇
im Management	◆	◇	◆	◇	◆	◆	◆	◇	◇	◇	◇	◇	◇	◇	◇	◇	◇	◇	◇	◇
im Marketing	◆	◇	◆	◇	◆	◆	◆	◇	◇	◇	◇	◇	◇	◇	◇	◇	◇	◇	◇	◇
im Controlling	◆	◇	◆	◇	◆	◆	◆	◇	◇	◇	◇	◇	◇	◇	◇	◇	◇	◇	◇	◇
im Rechnungswesen	◆	◇	◆	◇	◆	◆	◆	◇	◇	◇	◇	◇	◇	◇	◇	◇	◇	◈	◇	◇
im Personalwesen	◆	◇	◆	◇	◆	◆	◆	◇	◇	◇	◇	◇	◇	◇	◇	◇	◇	◈	◇	◇

Mehrfachauswahl																				

Legende:
- ◆ geeignet
- ◈ geeignet für Teilaufgaben und -tätigkeiten
- ◇ wenig geeignet

Bild I.3: Auswahltabelle "Einsatzbereichsspezifische Aufgaben und Tätigkeiten"

	Aufgaben/Tätigkeiten:	Zuordnung im Sinne des Auswahlverfahrens zu anderen Bereichen	weiteren Zeitermittlungsmethoden
Vertrieb	- Marktforschung - Produktplanung - Werbung - Verkauf - Kundendienst - Verwaltungstätigkeiten	- Entwicklung - Entwicklung - Marketing - Kundendienst - administrativer Bereich	
Entwicklung	- Festlegen und Beurteilen von Erzeugnisideen - Erarbeitung von Vorschlägen für die Konstruktion - Marktforschung - Verwaltungstätigkeiten	- administrativer Bereich	
Konstruktion	- Erstellung von Pflichtenheften - Durchführung von Berechnungen - Gestaltung und Entwurf - Verwaltungstätigkeiten	- administrativer Bereich	
Fertigungsvorbereitung	- Arbeitsstudium - Zeitermittlung - Arbeitsgestaltung und Ablauforganisation - Arbeitsorganisation - Entlohnungsform- Entscheidung - Rationalisierung - Fertigungsplanung: - Dokumentation der Planungsergebnisse - Arbeitsablaufplanung - Mittelplanung - Kostenkalkulation - NC-Programmierung - Verwaltungstätigkeiten	- administrativer Bereich	
Betriebsmittelbau	- Konstruktion - Planung - Steuerung von Aufträgen - Fertigung der Betriebsmittel - Teilefertigung - Montage - Verwaltungstätigkeiten	- Konstruktion - Fertigungsvorbereitung - Fertigungssteuerung - Fertigung - Fertigung - administrativer Bereich	
Fertigung	- Fertigung der Erzeugnisse - Teilefertigung - Montage - Verwaltungstätigkeiten	 - administrativer Bereich	 8 8

Bild I.4-1: Aufgaben- und Tätigkeitszuordnung sowie spezielle Zuordnung von Zeitermittlungsmethoden

	Aufgaben/Tätigkeiten:	Zuordnung im Sinne des Auswahlverfahrens zu anderen Bereichen	weiteren Zeitermittlungsmethoden
Fertigungssteuerung	- Angebotsplanung - Abstimmung zukünftiger Produktionsprogramme - Beschaffung - Kapazitätsplanung - Bereitstellung der Fertigungsunterlagen - Steuerung des Auftrages - Verwaltungstätigkeiten	- administrativer Bereich	18
innerbetrieblicher Transport	- Be- und Entladen - Transport - Entladung - Zählung - Wägung - Kommissionierung - Verwaltungstätigkeiten	- Lagerwesen - Lagerwesen - Lagerwesen - administrativer Bereich	8 8
Lagerwesen	- Bereitstellung - Kommissionierung - Ein- und Auslagerung - Bestandsführung - Zählung, Wägung - Be- und Entladung - Transport - Verwaltungstätigkeiten	- innerbetr. Transport - innerbetr. Transport - administrativer Bereich	16
Qualitätssicherung	- Planen der Qualität - Beherrschen der Qualität - Steuern der Qualität - Kontrollieren der Qualität - Verwaltungstätigkeiten	- Qualitätskontrolle - administrativer Bereich	
Qualitätskontrolle	- Zählung, Wägung - Vergleich und Beschreibung - Handhabung von Meß- und Prüfmitteln - Aufnahme und Beurteilung von Informationen - Sichtkontrolle mit oder ohne Hilfsmittel - Verwaltungstätigkeiten	- Lagerwesen - administrativer Bereich	2,4,9-15,17,19,20

Bild I.4-2: Aufgaben- und Tätigkeitszuordnung sowie spezielle Zuordnung von Zeitermittlungsmethoden (Fortsetzung)

	Aufgaben/Tätigkeiten:	Zuordnung im Sinne des Auswahlverfahrens zu anderen Bereichen	weiteren Zeitermittlungsmethoden
geplante Instandhaltung	- Planung und Steuerung - Berichtswesen - Wartung - Inspektion - Instandsetzung - Durchführen von Serviceleistungen - Verwaltungstätigkeiten	- Fertigungsvorbereitung und Fertigungssteuerung - administrativer Bereich	 18 2,4,9-15,17,19,20 2,9-15,17,19,20 2,4,9-15,17,19,20
schadensbed. Instandhaltung	- Schadensanalyse - Instandsetzung - Verwaltungstätigkeiten	- administrativer Bereich	
Versand	- Kommissionierung - versandgerechte Verpackung - Beladung und Transport - Belegerstellung - Verwaltungstätigkeiten	- Lagerwesen - Verpackungswesen - innerbetrieblicher Transport - administrativer Bereich	
Kundendienst	- inbetriebnahme des Produktes beim Kunden - Regelung von Beanstandungen - Durchführung von Serviceleistungen - Verkauf v.Verschleißteilen - Verwaltungstätigkeiten	 - geplante Instandhaltung - Vertrieb - administrativer Bereich	
Verpackungswesen	- Herrichten der Packmittel und Güter - Einschlagen der Packgüter - Füllen der Packgüter mit Gütern - Verschluß und Kennzeichnung der Packung - Zusammenstellung von Transporteinheiten - Verwaltungstätigkeiten	- administrativer Bereich	
administrativer Bereich	- Erlangung bzw. Erhalt von Informationen - Verarbeitung von Informationen - Weitergabe von Informationen - Verwaltungstätigkeiten		2,10

Bild I.4-3: Aufgaben- und Tätigkeitszuordnung sowie spezielle Zuordnung von Zeitermittlungsmethoden (Fortsetzung)

	Aufgaben/Tätigkeiten:	Zuordnung im Sinne des Auswahlverfahrens zu anderen Bereichen	weiteren Zeitermittlungsmethoden
Management	- Festlegung der Unternehmensziele - Planung von Fristigkeiten und Objekten - Festlegung des Führungsstils - Erörtern von Abläufen und Strukturen - Kontrolle von Produkten, Produktionen und Ergebnissen - Verwaltungstätigkeiten	- administrativer Bereich	
Marketing	- Produktentwicklung und Gestaltung - Ermittlung der Verkehrs-, Verwender-, und Abnehmerkreise - Analyse der Marktanteile und Konkurrenzverhalten - Beobachtung und Analyse der Absatzwege und Vertriebsformen - Analyse der Werbewirksamkeit und Verkaufsförderung - Verwaltungstätigkeiten	- administrativer Bereich	
Controlling	- Erarbeitung von Unternehmenszielen - Koordination des Datenmaterials - Berichtswesen und Statistik - interne Revision - Kontrolle der Abweichung vom Firmenkurs - Aufbau eines Informationssystems - Verwaltungstätigkeiten	- administrativer Bereich	
Rechnungswesen	- betriebsinterne Tätigkeiten: - mengen- und wertmäßige Erfassung sowie Überwachung der betrieblichen Prozesse - Berechnung der Wirtschaftlichkeit und Rentabilität - betriebsexterne Tätigkeiten - Rechenschaftslegung - Veröffentlichungspflicht - Verwaltungstätigkeiten	- administrativer Bereich	18 18
Personalwesen	- Beeinflussung der Mitarbeiter im Sinne der Unternehensziele - Entwicklung und Verbesserung der Leistungsfähigkeit der Mitarbeiten - Planung zukünftiger personeller Maßnahmen - Erledigung aller administrativen personalbezogenen Maßnahmen - Verwaltungstätigkeiten	- administrativer Bereich	18

Bild I.4-4: Aufgaben- und Tätigkeitszuordnung sowie spezielle Zuordnung von Zeitermittlungsmethoden (Fortsetzung)

Anwendungsgebiete bei erstmalig auftretenden Arbeitsvorgängen		1	2	3	4	5	6	7	8	9	10	11	12	13	14	15	16	17	18	19	20
Terminplanung	kurzfristig	◇	◇	◇	◇	◇	◆	◆	◆	◆	◆	◆	◆	◆	◆	◆	◆	◆	◆	◆	◆
	mittelfristig	◇	◇	◇	◇	◇	◆	◆	◈	◈	◆	◆	◆	◈	◆	◆	◆	◆	◆	◈	◆
	langfristig	◇	◇	◇	◇	◆	◆	◆	◈	◈	◈	◈	◈	◈	◈	◈	◆	◈	◈	◈	◈
Kapazitätsplanung	kurzfristig	◇	◇	◇	◇	◇	◆	◆	◆	◆	◆	◆	◆	◆	◆	◆	◆	◆	◆	◆	◆
	mittelfristig	◇	◇	◇	◇	◇	◆	◆	◈	◈	◆	◆	◆	◈	◆	◆	◆	◆	◆	◈	◆
	langfristig	◇	◇	◇	◇	◆	◆	◆	◈	◈	◈	◈	◈	◈	◈	◈	◈	◈	◈	◈	◈
Personalplanung	kurzfristig	◇	◇	◇	◇	◇	◇	◇	○	◆	◆	◆	◆	◆	◆	◆	◇	◆	◆	◆	◆
	mittelfristig	◇	◇	◇	◇	◇	◆	◆	○	◈	◆	◆	◆	◈	◆	◆	◆	◆	◆	◈	◆
	langfristig	◇	◇	◇	◇	◇	◆	◆	○	◈	◆	◆	◆	◈	◆	◆	◆	◆	◆	◈	◆
Entlohnung		◇	◇	◇	◇	◇	◇	◇	○	◆	◆	◆	◆	◆	◆	◆	◇	◆	◆	◆	◆
Vorkalkulation		◇	◇	◇	◇	◇	◆	◆	◈	◈	◆	◆	◆	◈	◆	◆	◆	◆	◆	◈	◆
Entscheidung: Eigen-/Fremderstellung		◇	◇	◇	◇	◇	◆	◆	◆	◈	◆	◆	◆	◈	◈	◆	◆	◆	◆	◈	◆
Investitionsplanung		◇	◇	◇	◇	◇	◆	◆	◆	◆	◆	◆	◆	◆	◆	◆	◆	◆	◆	◆	◆

(Zeitermittlungsmethoden 1–20)

Anwendungsgebiete bei wiederkehrenden Arbeitsvorgängen		1	2	3	4	5	6	7	8	9	10	11	12	13	14	15	16	17	18	19	20
Terminplanung	kurzfristig	◆	◆	◇	◆	◇	◆	◆	◆	◆	◆	◆	◆	◆	◆	◆	◆	◆	◆	◆	◆
	mittelfristig	◆	◆	◇	◆	◇	◆	◆	◈	◈	◆	◆	◆	◈	◆	◆	◆	◆	◆	◈	◆
	langfristig	◆	◆	◆	◆	◆	◆	◆	◈	◈	◈	◈	◈	◈	◈	◈	◆	◈	◈	◈	◈
Kapazitätsplanung	kurzfristig	◆	◆	◇	◆	◇	◆	◆	◆	◆	◆	◆	◆	◆	◆	◆	◆	◆	◆	◆	◆
	mittelfristig	◆	◆	◇	◆	◇	◆	◆	◈	◈	◆	◆	◆	◈	◆	◆	◆	◆	◆	◈	◆
	langfristig	◆	◆	◆	◆	◆	◆	◆	◈	◈	◈	◈	◈	◈	◈	◈	◈	◈	◈	◈	◈
Personalplanung	kurzfristig	◇	◆	◇	◆	◇	◇	◇	○	◆	◆	◆	◆	◆	◆	◆	◇	◆	◆	◆	◆
	mittelfristig	◆	◆	◇	◆	◇	◆	◆	○	◈	◆	◆	◆	◈	◆	◆	◆	◆	◆	◈	◆
	langfristig	◆	◆	◇	◆	◇	◆	◆	○	◈	◆	◆	◆	◈	◆	◆	◆	◆	◆	◈	◆
Entlohnung		◇	◆	◇	◆	◇	◇	◇	○	◆	◆	◆	◆	◆	◆	◆	◇	◆	◆	◆	◆
Vorkalkulation		◆	◆	◇	◆	◇	◆	◆	◈	◈	◆	◆	◆	◈	◆	◆	◆	◆	◆	◈	◆
Nachkalkulation		◆	◆	◇	◆	◇	◆	◆	◆	◈	◆	◆	◆	◈	◈	◆	◆	◆	◆	◈	◆
Entscheidung: Eigen-/Fremderstellung		◆	◆	◇	◆	◇	◆	◆	◆	◆	◆	◆	◆	◆	◆	◆	◆	◆	◆	◆	◆
Investitionsplanung		◆	◆	◇	◆	◇	◆	◆	◆	◆	◆	◆	◆	◆	◆	◆	◆	◆	◆	◆	◆

(Zeitermittlungsmethoden 1–20)

Mehrfachauswahl																				

Legende:
- ◆ geeignet
- ◈ geeignet, wenn Ergebnis "◆" aus weiterem Anwendungsgebiet vorliegt
- ◇ wenig geeignet
- ○ nicht geeignet

Bild I.5: Auswahltabellen:
"Anwendungsgebiete bei erstmalig auftretenden Arbeitsvorgängen" und
"Anwendungsgebiete bei wiederkehrenden Arbeitsvorgängen"

I		Grad der Gestaltung des Arbeitsorts
A	1 2	Arbeitsbereich liegt nicht fest
B	0 1 2	Arbeitsbereich liegt fest
C	0 1 2	nicht angepaßter Arbeitsplatz
D	0 1	gestalteter Arbeitsplatz

II		Grad der Zuordnung von Aufgabenfunktionen und Arbeitsmitteln
A	1 2	keine Zuordnung der Aufgabenfunktionen zu den Stellen
B	0 1 2	Aufgabenfunktionen und Arbeitsmittel sind einer Gruppe zugeordnet, Zuteilungen innerhalb der Gruppe sind nicht geregelt
C	0 1 2	Aufgabenfunktionen und Arbeitsmittel sind einer Gruppe zugeordnet, Zuteilungen innerhalb der Gruppe sind geregelt
D	0 1	Aufgabenfunktionen und Arbeitsmittel sind einer Person zugeordnet

III		Grad der Eigenständigkeit von Entscheidungen bei Arbeitspersonen
A	1 2	eigenständige Entscheidungen sind zwingend erforderlich, treten häufig auf
B	0 1 2	eigenständige Entscheidungen sind erforderlich, treten vermehrt auf
C	0 1 2	eigenständige Entscheidungen haben untergeordnete Bedeutung, treten kaum auf
D	0 1	eigenständige Entscheidungen sind vollständig ausgeschlossen

Bild I.6-1: Tabellen zur Organisationsgradbestimmung

IV		Grad der Tätigkeitskonkretisierung
A	1	Arbeitsaufgabe grob umrissen
	2	
B	0	Arbeitsaufgabe konkret bekannt
	1	
	2	
C	0	Tätigkeit und Teiltätigkeit bekannt
	1	
	2	
D	0	Auflösung in Elementartätigkeiten
	1	

V		Grad der arbeitsaufgabenbezogenen Planung von Abläufen und Zeitpunkten
A	1	keine Regelung der Abläufe und Zeitpunkte
	2	
B	0	Reihenfolge der Tätigkeiten vorgegeben
	1	
	2	
C	0	Reihenfolge und Dauer der Tätigkeiten vorgegeben
	1	
	2	
D	0	Reihenfolge, Dauer und Zeitpunkte der Tätigkeiten vorgegeben
	1	

VI		Grad der Arbeitsweisen von Personen bei gleichen Arbeitsaufgaben
A	1	keine erkennbare, allgemeingültige Arbeitsweise
	2	
B	0	Streuung der Arbeitsweise
	1	
	2	
C	0	geringe Abweichungen in der Arbeitsweise
	1	
	2	
D	0	Identische Arbeitsweise
	1	

Bild I.6-2: Tabellen zur Organisationsgradbestimmung

VII		Grad der Vorbereitungsmaßnahmen von zur Bearbeitung anstehenden Teilen oder Informationen
A	1	Objekte müssen für entsprechende Einsätze vorbereitet werden
	2	
B	0	Objekte müssen für entsprechende Einsätze vorbereitet werden, noch nicht am Verwendungsort (im Arbeitsbereich)
	1	
	2	
C	0	Objekte müssen für entsprechende Einsätze vorbereitet werden, am Verwendungsort (unsortiert)
	1	
	2	
D	0	Objekte sind für entsprechenden Einsatz vorbereitet, am Verwendungsort liegend und sortiert
	1	

VIII		Grad der Zusatztätigkeiten zur Verarbeitung von Informationen
A	1	viele Nebentätigkeiten, Störungen, hoher Informationssuch- und Beschaffungsaufwand vorhanden
	2	
B	0	vermehrt Nebentätigkeiten, Informationssuch- und Beschaffungsaufwand vorhanden
	1	
	2	
C	0	geringe Nebentätigkeiten, Informationssuch- und Beschaffungsaufwand nur in Ausnahmefällen
	1	
	2	
D	0	kaum Nebentätigkeiten, Informationen liegen vor
	1	

IX		Grad der motorischen Arbeitsausführungen
A	1	viele Körper- und Gehbewegungen, dazu Handbewegungen
	2	
B	0	viele Körperbewegungen, Hand- und Gehbewegungen
	1	
	2	
C	0	Hand- und Körperbewegungen, zuzüglich vereinzelte Gehbewegungen
	1	
	2	
D	0	kurze Handbewegungen, selten Körperbewegungen, kaum Gehbewegungen
	1	

Bild I.6-3: Tabellen zur Organisationsgradbestimmung

X		Grad der arbeitsbezogenen Lage von benötigten Hilfsmitteln
A	1	definierter Ort der Hilfsmittel, Ort liegt außerhalb des Arbeitsbereichs
	2	
B	0	definierter Ort der Hilfsmittel, Ort liegt innerhalb des Arbeitsbereichs, Hilfsmittel vermischt
	1	
	2	
C	0	definierter Ort der Hilfsmittel, Ort liegt innerhalb des Arbeitsbereichs, zuzüglich Hilfsmittel vereinzelt
	1	
	2	
D	0	definierter Ort der Hilfsmittel, Ort liegt innerhalb des Arbeitsbereichs, zuzüglich vorgegebener/gestalteter Ablagebereich der Hilfsmittel
	1	

Bild I.6-4: Tabelle zur Organisationsgradbestimmung

Werte zur Organisationsgradbestimmung										
	A		B			C			D	
	1	2	0	1	2	0	1	2	0	1
I	1	2	2	3	3	4	4	5	5	7
II	1	2	3	3	4	5	5	6	6	7
III	1	3	3	4	4	5	5	6	6	7
IV	1	2	2	3	3	4	4	5	5	7
V	1	2	2	3	3	4	4	5	5	7
VI	1	3	3	4	4	5	5	6	6	7
VII	1	2	3	3	4	4	5	5	6	7
VIII	1	3	3	4	4	5	5	6	6	7
IX	1	3	3	4	4	5	5	6	6	7
X	1	2	3	3	4	4	5	5	6	7

$\sum$ der Einflußgrößenwerte

Bild I.7: Bestimmung des Organisationsgradwertes

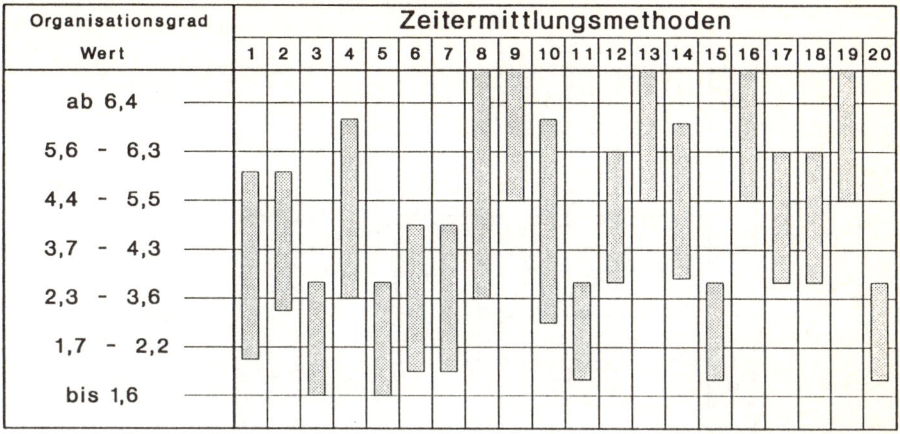

Bild I.8: Auswahltabelle "Organisationsgrad"

Auswahlschritte		Zeitermittlungsverfahren																			
		1	2	3	4	5	6	7	8	9	10	11	12	13	14	15	16	17	18	19	20
einsatzbereichsspezifische Aufgaben und Tätigkeiten																					
Anwendungsgebiet	erstmalig																				
	wiederkehrend																				
Organisationsgrad																					
Ergebnis																					

Bild I.9: Tabelle zur "Zwischenauswertung"

Kriterien j_A \ Kriterien j_B		1	2	3	4	5	6	$\Sigma K_{j,s}$	G_j
Qualität der Zeitdaten	1								
Personalqualifikation zur Zeitdatenbestimmung	2								
Aufwand der Zeitdatenermittlung	3								
Zeitdatenermittlung in der Planungsphase	4								
Arbeitsgestaltung mit Hilfe der Methoden	5								
Rechnerunterstützung	6								
		Spaltensumme							1

Legende:

2: Kriterium A hat größere Bedeutung als Kriterium B
1: Kriterium A hat gleiche Bedeutung wie Kriterium B
0: Kriterium A hat geringere Bedeutung als Kriterium B

K: Kriterium
G: Gewichtung eines Kriteriums
j: Ordnungsnummer eines Kriteriums
s: Nummer einer Spalte
$G_j = \Sigma K_{j,s} / \Sigma(\Sigma K_{j,s})$

Bild I.10: Hilfsblatt "Gewichtungsmatrix" für Nutzwertanalysen

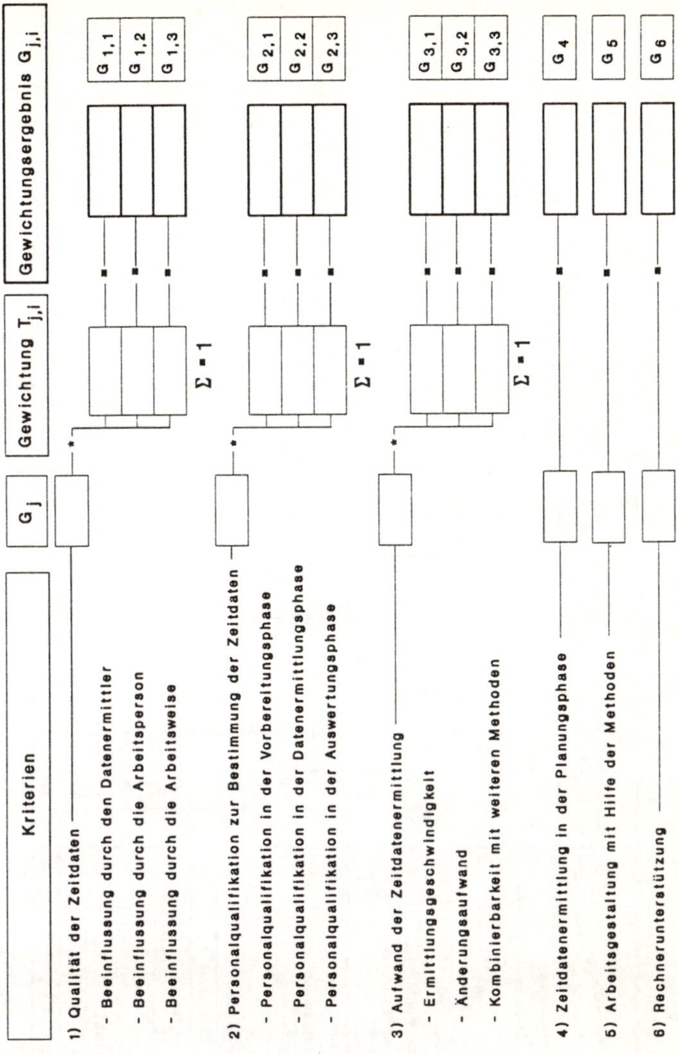

Bild I.11: Hilfsblatt "Ermittlung der Gewichte $G_{j.i}$" für Nutzwertanalysen

	Verfahren \ Kriterien	Kriterium 1									Kriterium 2								
		$G_{1,1}$	$E_{1,1}$	$N_{1,1}$	$G_{1,2}$	$E_{1,2}$	$N_{1,2}$	$G_{1,3}$	$E_{1,3}$	$N_{1,3}$	$G_{2,1}$	$E_{2,1}$	$N_{2,1}$	$G_{2,2}$	$E_{2,2}$	$N_{2,2}$	$G_{2,3}$	$E_{2,3}$	$N_{2,3}$
1	Selbstaufschreibung		2			3			14			10			14			10	
2	Multimoment-Zeitmeßverfahren		10			6			10			4			12			4	
3	Befragen		2			1			18			18			10			18	
4	REFA-Zeitaufnahme		6			12			4			4			4			4	
5	Globales Schätzen		2			1			18			18			10			18	
6	Unterteiltes Schätzen		2			1			18			18			10			18	
7	Schätzen mit Zeitklassen		2			3			18			18			10			18	
8	Berechnen		16			18			18			18			10			10	
9	MTM-Grundverfahren		16			17			13			4			4			4	
10	MTM-Standarddaten		16			17			13			4			4			4	
11	MTM-MEK		16			17			13			4			4			4	
12	MTM-UAS		16			17			13			4			4			4	
13	WF-Grundverfahren		16			17			13			4			4			4	
14	WF-Schnellverfahren		16			17			13			4			4			4	
15	WF-Blockverfahren		16			17			13			4			4			4	
16	WF-Mento-Compact		16			17			13			4			4			4	
17	Basic-MOST		16			17			13			4			4			4	
18	Clerical-MOST		16			17			13			4			4			4	
19	Mini-MOST		16			17			13			4			4			4	
20	Maxi-MOST		16			17			13			4			4			4	

Bild I.12-1: Hilfsblätter "Erfüllungsgradtabellen" für Nutzwertanalysen

Verfahren \ Kriterien		Kriterium 3									Kriterium 4			Kriterium 5			Kriterium 6			Ergebnis	
		$G_{3,1}$	$E_{3,1}$	$N_{3,1}$	$G_{3,2}$	$E_{3,2}$	$N_{3,2}$	$G_{3,3}$	$E_{3,3}$	$N_{3,3}$	G_4	E_4	N_4	G_5	E_5	N_5	G_6	E_6	N_6	N_{ges}	Rang
1	Selbstaufschreibung		14			8			6			6			5			1			
2	Multimoment-Zeitmeßverfahren		11			7			6			4			5			6			
3	Befragen		14			8			6			4			1			1			
4	REFA-Zeitaufnahme		11			7			6			8			10			15			
5	Globales Schätzen		14			8			6			6			1			1			
6	Unterteiltes Schätzen		14			13			13			6			1			1			
7	Schätzen mit Zeitklassen		14			8			6			6			1			1			
8	Berechnen		14			8			6			18			14			6			
9	MTM-Grundverfahren		2			7			13			18			18			15			
10	MTM-Standarddaten		9			11			13			15			14			15			
11	MTM-MEK		10			11			13			11			14			15			
12	MTM-UAS		10			11			13			11			14			15			
13	WF-Grundverfahren		2			7			13			18			18			15			
14	WF-Schnellverfahren		5			9			13			15			14			15			
15	WF-Blockverfahren		11			12			13			15			14			15			
16	WF-Mento-Compact		7			10			13			15			14			15			
17	Basic-MOST		11			12			13			11			14			15			
18	Clerical-MOST		11			12			13			11			14			15			
19	Mini-MOST		6			9			13			18			18			15			
20	Maxi-MOST		12			12			13			11			14			15			

Bild I.13-2: Hilfsblätter "Erfüllungsgradtabellen" (Fortsetzung)

Selbstaufschreibung

Merkmale:

Merkmal	Ausprägung	
a) Ermittlungsgeschwindigkeit:		1:1
b) Zeitdatentyp:	– Ist-Zeit	X
	– Soll-Zeit	
	– Soll-Zeit mit Einflußgrößen	
c) Verwendung zur Zeitermittlung zukünftiger Arbeitsvorgänge:	– ohne weitere Aufbereitung	
	– mit weiterer Aufbereitung	X
d) Art der Arbeitsvorgänge:	– muskulär/sensomotorisch	X
	– reaktiv	X
	– kombinativ/schöpferisch	X
	– technologisch	X
e) Rechnerunterstützung	– realisiert	X
	– nicht realisiert	
f) Größe des Ablaufabschnittes:	– Vorgangselement	
	– Vorgangsstufe	
	– Teilvorgang	X
	– Vorgang	X

Datenerwerb:

Multimoment-Zeitmeßverfahren

Merkmale:

Merkmal	Ausprägung	
a) Ermittlungsgeschwindigkeit:		ca. 1:8
b) Zeitdatentyp:	– Ist-Zeit	X
	– Soll-Zeit	
	– Soll-Zeit mit Einflußgrößen	
c) Verwendung zur Zeitermittlung zukünftiger Arbeitsvorgänge:	– ohne weitere Aufbereitung	
	– mit weiterer Aufbereitung	X
d) Art der Arbeitsvorgänge:	– muskulär/sensomotorisch	X
	– reaktiv	(X)
	– kombinativ/schöpferisch	(X)
	– technologisch	X
e) Rechnerunterstützung	– realisiert	X
	– nicht realisiert	
f) Größe des Ablaufabschnittes:	– Vorgangselement	
	– Vorgangsstufe	
	– Teilvorgang	X
	– Vorgang	X

Datenerwerb:

Bild I.13-1: Informationsblatt der "Zeitermittlungsmethode 1 und 2"

Befragen

Merkmale:		
a) Ermittlungsgeschwindigkeit:		kleiner 1:1
b) Zeitdatentyp:	– Ist-Zeit	X
	– Soll-Zeit	X
	– Soll-Zeit mit Einflußgrößen	
c) Verwendung zur Zeitermittlung zukünftiger Arbeitsvorgänge:	– ohne weitere Aufbereitung	(x)
	– mit weiterer Aufbereitung	X
d) Art der Arbeitsvorgänge:	– muskulär/sensomotorisch	X
	– reaktiv	X
	– kombinativ/schöpferisch	X
	– technologisch	X
e) Rechnerunterstützung	– realisiert	X
	– nicht realisiert	
f) Größe des Ablaufabschnittes:	– Vorgangselement	
	– Vorgangsstufe	
	– Teilvorgang	(x)
	– Vorgang	X
Datenerwerb:		

Zeitaufnahme

Merkmale:		
a) Ermittlungsgeschwindigkeit:		ca. 1:10
b) Zeitdatentyp:	– Ist-Zeit	X
	– Soll-Zeit	X
	– Soll-Zeit mit Einflußgrößen	(x)
c) Verwendung zur Zeitermittlung zukünftiger Arbeitsvorgänge:	– ohne weitere Aufbereitung	X
	– mit weiterer Aufbereitung	(x)
d) Art der Arbeitsvorgänge:	– muskulär/sensomotorisch	X
	– reaktiv	
	– kombinativ/schöpferisch	
	– technologisch	X
e) Rechnerunterstützung	– realisiert	X
	– nicht realisiert	
f) Größe des Ablaufabschnittes:	– Vorgangselement	
	– Vorgangsstufe	X
	– Teilvorgang	X
	– Vorgang	X
Datenerwerb:		

Bild I.13-2: Informationsblatt der "Zeitermittlungsmethode 3 und 4"

Globales Schätzen

Merkmale:

Merkmal	Ausprägung	
a) Ermittlungsgeschwindigkeit:		kleiner 1:1
b) Zeitdatentyp:	- Ist-Zeit	
	- Soll-Zeit	X
	- Soll-Zeit mit Einflußgrößen	
c) Verwendung zur Zeitermittlung zukünftiger Arbeitsvorgänge:	- ohne weitere Aufbereitung	X
	- mit weiterer Aufbereitung	(x)
d) Art der Arbeitsvorgänge:	- muskulär/sensomotorisch	X
	- reaktiv	X
	- kombinativ/schöpferisch	X
	- technologisch	X
e) Rechnerunterstützung	- realisiert	
	- nicht realisiert	X
f) Größe des Ablaufabschnittes:	- Vorgangselement	
	- Vorgangsstufe	X
	- Teilvorgang	X
	- Vorgang	X

Datenerwerb:

Unterteiltes Schätzen

Merkmale:

Merkmal	Ausprägung	
a) Ermittlungsgeschwindigkeit:		kleiner 1:1
b) Zeitdatentyp:	- Ist-Zeit	
	- Soll-Zeit	X
	- Soll-Zeit mit Einflußgrößen	
c) Verwendung zur Zeitermittlung zukünftiger Arbeitsvorgänge:	- ohne weitere Aufbereitung	X
	- mit weiterer Aufbereitung	(x)
d) Art der Arbeitsvorgänge:	- muskulär/sensomotorisch	X
	- reaktiv	X
	- kombinativ/schöpferisch	X
	- technologisch	X
e) Rechnerunterstützung	- realisiert	
	- nicht realisiert	X
f) Größe des Ablaufabschnittes:	- Vorgangselement	
	- Vorgangsstufe	X
	- Teilvorgang	X
	- Vorgang	

Datenerwerb:

Bild I.13-3: Informationsblatt der "Zeitermittlungsmethode 5 und 6"

Schätzen mit Zeitklassen

Merkmale:

Merkmal	Ausprägung	
a) Ermittlungsgeschwindigkeit:		kleiner 1:1
b) Zeitdatentyp:	– Ist-Zeit	
	– Soll-Zeit	X
	– Soll-Zeit mit Einflußgrößen	
c) Verwendung zur Zeitermittlung zukünftiger Arbeitsvorgänge:	– ohne weitere Aufbereitung	X
	– mit weiterer Aufbereitung	(x)
d) Art der Arbeitsvorgänge:	– muskulär/sensomotorisch	X
	– reaktiv	X
	– kombinativ/schöpferisch	X
	– technologisch	X
e) Rechnerunterstützung	– realisiert	
	– nicht realisiert	X
f) Größe des Ablaufabschnittes:	– Vorgangselement	
	– Vorgangsstufe	(x)
	– Teilvorgang	X
	– Vorgang	X

Datenerwerb:

Berechnen

Merkmale:

Merkmal	Ausprägung	
a) Ermittlungsgeschwindigkeit:		kleiner 1:1
b) Zeitdatentyp:	– Ist-Zeit	
	– Soll-Zeit	
	– Soll-Zeit mit Einflußgrößen	X
c) Verwendung zur Zeitermittlung zukünftiger Arbeitsvorgänge:	– ohne weitere Aufbereitung	X
	– mit weiterer Aufbereitung	
d) Art der Arbeitsvorgänge:	– muskulär/sensomotorisch	
	– reaktiv	
	– kombinativ/schöpferisch	
	– technologisch	X
e) Rechnerunterstützung	– realisiert	X
	– nicht realisiert	
f) Größe des Ablaufabschnittes:	– Vorgangselement	X
	– Vorgangsstufe	X
	– Teilvorgang	
	– Vorgang	

Datenerwerb:

Bild I.13-4: Informationsblatt der "Zeitermittlungsmethode 7 und 8"

MTM-Grundverfahren

Merkmale:

Merkmal	Ausprägung	
a) Ermittlungsgeschwindigkeit:		1:250
b) Zeitdatentyp:	– Ist-Zeit	
	– Soll-Zeit	
	– Soll-Zeit mit Einflußgrößen	X
c) Verwendung zur Zeitermittlung zukünftiger Arbeitsvorgänge:	– ohne weitere Aufbereitung	X
	– mit weiterer Aufbereitung	
d) Art der Arbeitsvorgänge:	– muskulär/sensomotorisch	X
	– reaktiv	
	– kombinativ/schöpferisch	
	– technologisch	
e) Rechnerunterstützung	– realisiert	X
	– nicht realisiert	
f) Größe des Ablaufabschnittes:	– Vorgangselement	X
	– Vorgangsstufe	
	– Teilvorgang	
	– Vorgang	

Datenerwerb: Deutsche MTM-Vereinigung
Elbchaussee 352
2000 Hamburg 52

MTM-Standarddaten

Merkmale:

Merkmal	Ausprägung	
a) Ermittlungsgeschwindigkeit:		von 1:80 bis 1:1
b) Zeitdatentyp:	– Ist-Zeit	
	– Soll-Zeit	
	– Soll-Zeit mit Einflußgrößen	X
c) Verwendung zur Zeitermittlung zukünftiger Arbeitsvorgänge:	– ohne weitere Aufbereitung	X
	– mit weiterer Aufbereitung	
d) Art der Arbeitsvorgänge:	– muskulär/sensomotorisch	X
	– reaktiv	
	– kombinativ/schöpferisch	
	– technologisch	X
e) Rechnerunterstützung	– realisiert	X
	– nicht realisiert	
f) Größe des Ablaufabschnittes:	– Vorgangselement	
	– Vorgangsstufe	X
	– Teilvorgang	X
	– Vorgang	X

Datenerwerb: Deutsche MTM-Vereinigung
Elbchaussee 352
2000 Hamburg 52

Bild I.13-5: Informationsblatt der "Zeitermittlungsmethode 9 und 10"

MTM-MEK

Merkmale:

Merkmal	Ausprägung	
a) Ermittlungsgeschwindigkeit:		von 1:3 bis 1:30
b) Zeitdatentyp:	- Ist-Zeit	
	- Soll-Zeit	
	- Soll-Zeit mit Einflußgrößen	X
c) Verwendung zur Zeitermittlung zukünftiger Arbeitsvorgänge:	- ohne weitere Aufbereitung	X
	- mit weiterer Aufbereitung	
d) Art der Arbeitsvorgänge:	- muskulär/sensomotorisch	X
	- reaktiv	
	- kombinativ/schöpferisch	
	- technologisch	X
e) Rechnerunterstützung	- realisiert	X
	- nicht realisiert	
f) Größe des Ablaufabschnittes:	- Vorgangselement	
	- Vorgangsstufe	X
	- Teilvorgang	X
	- Vorgang	

Datenerwerb: Deutsche MTM-Vereinigung
Elbchaussee 352
2000 Hamburg 52

MTM-UAS

Merkmale:

Merkmal	Ausprägung	
a) Ermittlungsgeschwindigkeit:		von 1:15 bis 1:30
b) Zeitdatentyp:	- Ist-Zeit	
	- Soll-Zeit	
	- Soll-Zeit mit Einflußgrößen	X
c) Verwendung zur Zeitermittlung zukünftiger Arbeitsvorgänge:	- ohne weitere Aufbereitung	X
	- mit weiterer Aufbereitung	
d) Art der Arbeitsvorgänge:	- muskulär/sensomotorisch	X
	- reaktiv	
	- kombinativ/schöpferisch	
	- technologisch	X
e) Rechnerunterstützung	- realisiert	X
	- nicht realisiert	
f) Größe des Ablaufabschnittes:	- Vorgangselement	
	- Vorgangsstufe	X
	- Teilvorgang	X
	- Vorgang	

Datenerwerb: Deutsche MTM-Vereinigung
Elbchaussee 352
2000 Hamburg 52

Bild I.13-6: Informationsblatt der "Zeitermittlungsmethode 11 und 12"

WF-Grundverfahren

Merkmale:

Merkmal	Ausprägung	
a) Ermittlungsgeschwindigkeit:		1:400
b) Zeitdatentyp:	- Ist-Zeit	
	- Soll-Zeit	
	- Soll-Zeit mit Einflußgrößen	X
c) Verwendung zur Zeitermittlung zukünftiger Arbeitsvorgänge:	- ohne weitere Aufbereitung	X
	- mit weiterer Aufbereitung	
d) Art der Arbeitsvorgänge:	- muskulär/sensomotorisch	X
	- reaktiv	
	- kombinativ/schöpferisch	
	- technologisch	
e) Rechnerunterstützung	- realisiert	X
	- nicht realisiert	
f) Größe des Ablaufabschnittes:	- Vorgangselement	X
	- Vorgangsstufe	
	- Teilvorgang	
	- Vorgang	

Datenerwerb: WF-Gemeinschaft Deutschland e.V.
Rennbahnstraße 72-76
6000 Frankfurt 1

WF-Schnellverfahren

Merkmale:

Merkmal	Ausprägung	
a) Ermittlungsgeschwindigkeit:		von 1:60 bis 1:120
b) Zeitdatentyp:	- Ist-Zeit	
	- Soll-Zeit	
	- Soll-Zeit mit Einflußgrößen	X
c) Verwendung zur Zeitermittlung zukünftiger Arbeitsvorgänge:	- ohne weitere Aufbereitung	X
	- mit weiterer Aufbereitung	
d) Art der Arbeitsvorgänge:	- muskulär/sensomotorisch	X
	- reaktiv	
	- kombinativ/schöpferisch	
	- technologisch	
e) Rechnerunterstützung	- realisiert	X
	- nicht realisiert	
f) Größe des Ablaufabschnittes:	- Vorgangselement	
	- Vorgangsstufe	X
	- Teilvorgang	
	- Vorgang	

Datenerwerb: WF-Gemeinschaft Deutschland e.V.
Rennbahnstraße 72-76
6000 Frankfurt 1

Bild I.13-7: Informationsblatt der "Zeitermittlungsmethode 13 und 14"

WF-Blockverfahren

Merkmale:

Merkmal	Ausprägung	
a) Ermittlungsgeschwindigkeit:		ca. 1:10
b) Zeitdatentyp:	- Ist-Zeit	
	- Soll-Zeit	
	- Soll-Zeit mit Einflußgrößen	X
c) Verwendung zur Zeitermittlung zukünftiger Arbeitsvorgänge:	- ohne weitere Aufbereitung	X
	- mit weiterer Aufbereitung	
d) Art der Arbeitsvorgänge:	- muskulär/sensomotorisch	X
	- reaktiv	
	- kombinativ/schöpferisch	
	- technologisch	
e) Rechnerunterstützung	- realisiert	X
	- nicht realisiert	
f) Größe des Ablaufabschnittes:	- Vorgangselement	
	- Vorgangsstufe	X
	- Teilvorgang	
	- Vorgang	

Datenerwerb: WF-Gemeinschaft Deutschland e.V.
Rennbahnstraße 72-76
6000 Frankfurt 1

WF-Mento-Compact

Merkmale:

Merkmal	Ausprägung	
a) Ermittlungsgeschwindigkeit:		1:60
b) Zeitdatentyp:	- Ist-Zeit	
	- Soll-Zeit	
	- Soll-Zeit mit Einflußgrößen	X
c) Verwendung zur Zeitermittlung zukünftiger Arbeitsvorgänge:	- ohne weitere Aufbereitung	X
	- mit weiterer Aufbereitung	
d) Art der Arbeitsvorgänge:	- muskulär/sensomotorisch	
	- reaktiv	X
	- kombinativ/schöpferisch	
	- technologisch	
e) Rechnerunterstützung	- realisiert	(x)
	- nicht realisiert	X
f) Größe des Ablaufabschnittes:	- Vorgangselement	X
	- Vorgangsstufe	
	- Teilvorgang	
	- Vorgang	

Datenerwerb: WF-Gemeinschaft Deutschland e.V.
Rennbahnstraße 72-76
6000 Frankfurt 1

Bild I.13-8: Informationsblatt der "Zeitermittlungsmethode 15 und 16"

Basic-MOST

Merkmale:

a) Ermittlungsgeschwindigkeit:		1: 9
b) Zeitdatentyp:	- Ist-Zeit	
	- Soll-Zeit	
	- Soll-Zeit mit Einflußgrößen	X
c) Verwendung zur Zeitermittlung zukünftiger Arbeitsvorgänge:	- ohne weitere Aufbereitung	X
	- mit weiterer Aufbereitung	
d) Art der Arbeitsvorgänge:	- muskulär/sensomotorisch	X
	- reaktiv	
	- kombinativ/schöpferisch	
	- technologisch	(x)
e) Rechnerunterstützung	- realisiert	X
	- nicht realisiert	
f) Größe des Ablaufabschnittes:	- Vorgangselement	
	- Vorgangsstufe	X
	- Teilvorgang	X
	- Vorgang	

Datenerwerb: H. B. Maynard and Company
235 Alpha Drive
USA-Pittsburgh

Clerical-MOST

Merkmale:

a) Ermittlungsgeschwindigkeit:		1: 9
b) Zeitdatentyp:	- Ist-Zeit	
	- Soll-Zeit	
	- Soll-Zeit mit Einflußgrößen	X
c) Verwendung zur Zeitermittlung zukünftiger Arbeitsvorgänge:	- ohne weitere Aufbereitung	X
	- mit weiterer Aufbereitung	
d) Art der Arbeitsvorgänge:	- muskulär/sensomotorisch	X
	- reaktiv	(x)
	- kombinativ/schöpferisch	
	- technologisch	(x)
e) Rechnerunterstützung	- realisiert	X
	- nicht realisiert	
f) Größe des Ablaufabschnittes:	- Vorgangselement	
	- Vorgangsstufe	X
	- Teilvorgang	X
	- Vorgang	

Datenerwerb: H. B. Maynard and Company
235 Alpha Drive
USA-Pittsburgh

Bild I.13-9: Informationsblatt der "Zeitermittlungsmethode 17 und 18"

Mini-MOST

Merkmale:		
a) Ermittlungsgeschwindigkeit:		1:30
b) Zeitdatentyp:	- Ist-Zeit	
	- Soll-Zeit	
	- Soll-Zeit mit Einflußgrößen	X
c) Verwendung zur Zeitermittlung zukünftiger Arbeitsvorgänge:	- ohne weitere Aufbereitung	X
	- mit weiterer Aufbereitung	
d) Art der Arbeitsvorgänge:	- muskulär/sensomotorisch	X
	- reaktiv	
	- kombinativ/schöpferisch	
	- technologisch	(x)
e) Rechnerunterstützung	- realisiert	X
	- nicht realisiert	
f) Größe des Ablaufabschnittes:	- Vorgangselement	X
	- Vorgangsstufe	X
	- Teilvorgang	
	- Vorgang	
Datenerwerb:	H. B. Maynard and Company 235 Alpha Drive USA-Pittsburgh	

Maxi-MOST

Merkmale:		
a) Ermittlungsgeschwindigkeit:		1:4
b) Zeitdatentyp:	- Ist-Zeit	
	- Soll-Zeit	
	- Soll-Zeit mit Einflußgrößen	X
c) Verwendung zur Zeitermittlung zukünftiger Arbeitsvorgänge:	- ohne weitere Aufbereitung	X
	- mit weiterer Aufbereitung	
d) Art der Arbeitsvorgänge:	- muskulär/sensomotorisch	X
	- reaktiv	
	- kombinativ/schöpferisch	
	- technologisch	(x)
e) Rechnerunterstützung	- realisiert	X
	- nicht realisiert	
f) Größe des Ablaufabschnittes:	- Vorgangselement	
	- Vorgangsstufe	X
	- Teilvorgang	X
	- Vorgang	
Datenerwerb:	H. B. Maynard and Company 235 Alpha Drive USA-Pittsburgh	

Bild I.13-10: Informationsblatt der "Zeitermittlungsmethode 19 und 20"

Teil II: Ist-Analyse zeitwirtschaftlicher Informationsflüsse

Fragebogen zur Ist-Analyse zeitwirtschaftlicher Informationsflüsse {1/6}

Organisatorische Daten:

Interviewer: Datum:

Ansprechpartner: Telefon-Nr.:

Untersuchungsbereich:

I Welche zeitwirtschaftlichen Informationen werden zur Erfüllung der Aufgaben dieses Untersuchungsbereichs benötigt?

I.1 Aufgaben:

Anmerkungen:

a) Vorgabe der Soll-Zeit [ ]
b) Erfassen der Ist-Zeit [ ]
c) Prüfen der Ist-Zeit [s. III]
d) Analyse von Abweichungen [s. III]
e) Ableiten von Maßnahmen [s. III]
f) Ermitteln der Zeitdaten [ ]
g) Aufbereiten der Zeitdaten [ ]
i) Verwalten der Zeitdaten [ ]

I.2 Sender von Informationen für den Untersuchungsbereich:

Anmerkungen:

Bereich: a) ....
b) ....
c) ....
d) ....
e) ....

I.3 Verwendungszweck:

Anmerkungen:

a) Terminplanung kurzfristig [ ]
b) mittelfristig [ ]
c) langfristig [ ]
d) Kapazitätsplanung kurzfristig [ ]
e) mittelfristig [ ]
f) langfristig [ ]
g) Personalplanung kurzfristig [ ]
h) mittelfristig [ ]
i) langfristig [ ]
k) Entlohnung [ ]
l) Vorkalkulation [ ]
m) Nachkalkulation [ ]
n) Entscheidung: Eigen-/Fremderstellung [ ]
o) Investitionsplanung [ ]
p) sonstiger Verwendungszweck: ....

I.4 Zeitdatenzeitwirtschaftliche Informationen:

Anmerkungen:

a) Ist-Zeit [ ]
b) Soll-Zeit [ ]
c) Soll-Zeit mit EFG [ ]
d) Kennzahlen [ ]
e) sonstige Informationen: ....

I.5 Verdichtungsstufe:

Anmerkungen:

a) Gesamtablauf [ ]
b) Teilablauf [ ]
c) Ablaufstufe [ ]
d) Vorgang [ ]
e) Teilvorgang [ ]
f) Vorgangsstufe [ ]
g) Vorgangselement [ ]
h) sonstige Verdichtungsstufe:..............

I.6 Informationsbedarf:

Anmerkungen:

a) kontinuierlich [ ]
b) stündlich [ ]
c) schichtweise [ ]
d) täglich [ ]
e) wöchentlich [ ]
f) monatlich [ ]
g) jährlich [ ]
h) bei Bedarf [ ]
i) sonstige Häufigkeit: ....

I.7 Datenträger:

Anmerkungen:

a) konventionell: [ ]
....
....
b) EDV-unterstützt: [ ]
....
....

I.8 EDV-Unterstützung:

Anmerkungen:

a) mDE-Gerät [ ]
b) BDE-Gerät [ ]
c) MDE-Gerät [ ]
d) Personalcomputer (PC) [ ]
e) Minirechner (MR) [ ]
f) Großrechner (GR) [ ]

II Welche zeitwirtschaftlichen Informationen werden in diesem Untersuchungsbereich für andere Bereiche erzeugt?

II.1 Aufgaben:

Anmerkungen:

```
a) Vorgabe der Soll-Zeit              [ ]
b) Erfassen der Ist-Zeit              [ ]
c) Prüfen der Ist-Zeit                [s. III]
d) Analyse von Abweichungen           [s. III]
e) Ableiten von Maßnahmen             [s. III]
f) Ermitteln der Zeitdaten            [  ]
g) Aufbereiten der Zeitdaten          [  ]
h) Verwalten der Zeitdaten            [s. I]
i) Bilden von Kennzahlen              [  ]
```

II.2 Empfänger der Informationen aus diesem Untersuchungsbereich:

Anmerkungen:

```
Bereich: a) ..........................
         b) ..........................
         c) ..........................
         d) ..........................
         e) ..........................
```

II.3 Verwendungszweck:

Anmerkungen:

```
a) Terminplanung       kurzfristig      [  ]
b)                     mittelfristig    [  ]
c)                     langfristig      [  ]
d) Kapazitätsplanung   kurzfristig      [  ]
e)                     mittelfristig    [  ]
f)                     langfristig      [  ]
g) Personalplanung     kurzfristig      [  ]
h)                     mittelfristig    [  ]
i)                     langfristig      [  ]
k) Entlohnung                           [  ]
l) Vorkalkulation                       [  ]
m) Nachkalkulation                      [  ]
n) Entscheidung: Eigen-/Fremderstellung [  ]
o) Investitionsplanung                  [  ]
p) sonstige Verwendungszwecke: ................
```

II.4 Zeitwirtschaftliche Informationen:

Anmerkungen:

```
a) Ist-Zeit                 [  ]
b) Soll-Zeit                [  ]
c) Soll-Zeit mit EFG        [  ]
d) Kennzahlen               [  ]
e) sonstige Informationen: .............
```

II.5 Verdichtungsstufe:

Anmerkungen:

a) Gesamtablauf [ ]
b) Teilablauf [ ]
c) Ablaufstufe [ ]
d) Vorgang [ ]
e) Teilvorgang [ ]
f) Vorgangsstufe [ ]
g) Vorgangselement [ ]
h) sonstige Verdichtungsstufe:..............

II.6 Informationsbedarf:

Anmerkungen:

a) kontinuierlich [ ]
b) stündlich [ ]
c) schichtweise [ ]
d) täglich [ ]
e) wöchent [ ]
f) monatlich [ ]
g) jährlich [ ]
h) bei Bedarf [ ]
i) sonstige Häufigkeit: ....

II.7 Datenträger:

Anmerkungen:

a) konventionell: [ ]
....
....
....

b) EDV-unterstützt: [ ]
....
....
....

II.8 EDV-Unterstützung:

Anmerkungen:

a) mDE-Gerät [ ]
b) BDE-Gerät [ ]
c) MDE-Gerät [ ]
d) Personalcomputer [ ]
e) Minirechner [ ]
f) Großrechner [ ]

II.9 Vorgehensweise:

Anmerkungen:

a) Selbstauschreibung [ ]
b) MMZ [ ]
c) Zeitaufnahme [ ]
d) Schätzverfahren [ ]
e) Berechnen [ ]
f) SvZ-Verfahren [ ]

III Welche zeitwirtschaftlichen Informationen werden in diesem Untersuchungsbereich wie überprüft?

III.1 Aufgaben:

Anmerkungen:

a) Prüfen der Ist-Zeit [ ]
b) Analyse von Abweichungen [ ]
c) Ableiten von Maßnahmen [ ]

III.2 Sender von Informationen für den Untersuchungsbereich:

Anmerkungen:

Bereich: a) ....
b) ....
c) ....
d) ....
e) ....

III.3 Vorgehensweise:

Anmerkungen:

a) Prüfen Vollständigkeit [ ]
b) Richtigkeit (logische) [ ]
c) Gültigkeit [ ]

d) Vergleichen [ ]
Methode: ....
....

e) Analysieren [ ]
Methode: ....
....

III.4 Zeitwirtschaftliche Informationen:

Anmerkungen:

a) Ist-Zeit [ ]
b) Soll-Zeit [ ]
c) Soll-Zeit mit EFG [ ]
d) Kennzahlen [ ]
e) sonstige Informationen: ....

III.5 Verdichtungsstufe:

Anmerkungen:

a) Gesamtablauf [ ]
b) Teilablauf [ ]
c) Ablaufstufe [ ]
d) Vorgang [ ]
e) Teilvorgang [ ]
f) Vorgangsstufe [ ]
g) Vorgangselement [ ]
h) sonstige Verdichtungsstufe:..............

III.6 Informationsbedarf:

Anmerkungen:

a) kontinuierlich [ ]
b) stündlich [ ]
c) schichtweise [ ]
d) täglich [ ]
e) wöchentlich [ ]
f) monatlich [ ]
g) jährlich [ ]
h) bei Bedarf [ ]
i) sonstige Häufigkeit: ....

III.7 Datenträger:

Anmerkungen:

a) konventionell: [ ]
....
....

b) EDV-unterstützt: [ ]
....
....

III.8 EDV-Unterstützung:

Anmerkungen:

a) mDE-Gerät [ ]
b) BDE-Gerät [ ]
c) MDE-Gerät [ ]
d) Personalcomputer [ ]
e) Minirechner [ ]
f) Großrechner [ ]

Allgemeine Anmerkungen/zukünftige Änderungen:

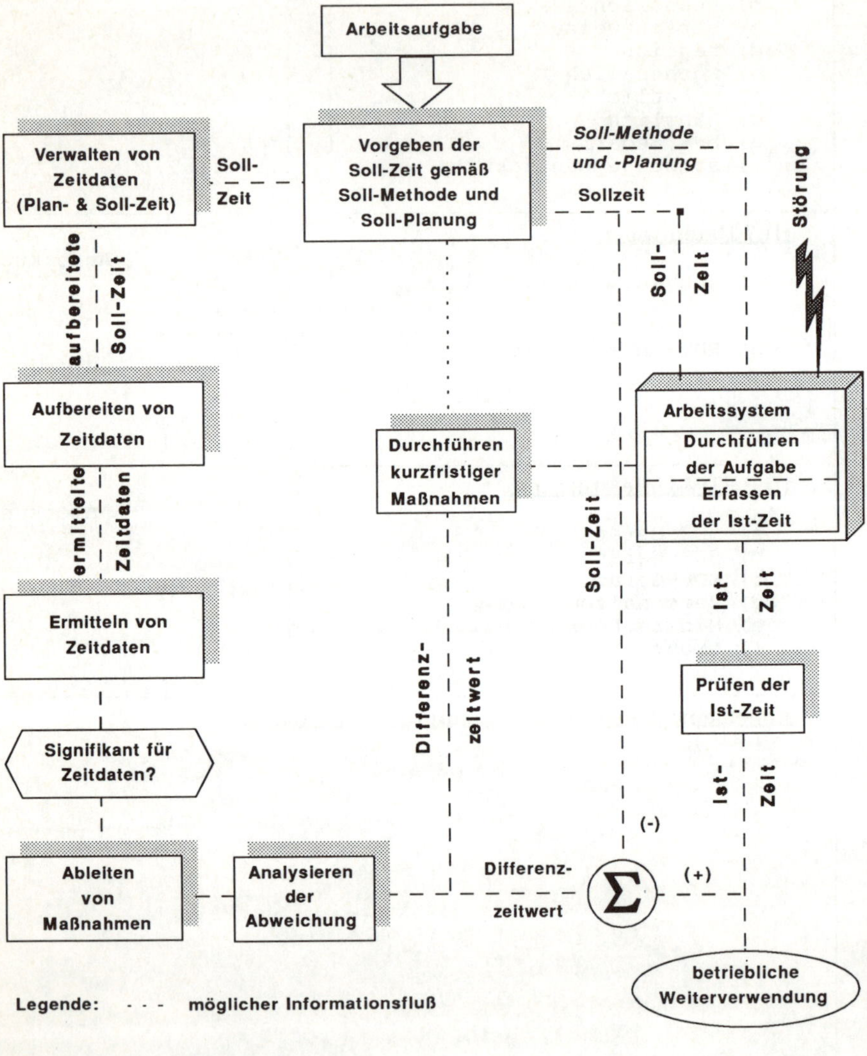

Bild III.1: Darstellung von Regelkreisen

Übertragung										Verarbeitung									
Sender	k	h	s	d	w	m	y	b	f	k	h	s	d	w	m	y	b	f	Empfänger

Legende: k kontinuierlich, h stündlich, s schichtweise, d täglich, w wöchentlich, m monatlich, y jährlich, b bedarfsweise, f freier Eintrag, I Istzustand, S Sollzustand

Bild III.2: Tabelle für die Übertragungshäufigkeit der Zeitdaten

Elemente	Hilfsmittel zur Informationsverarbeitung						
					EDV-Anlage		
	konv.	mDE-G.	BDE-G.	MDE-G.	PC	Mini-R.	Groß-R.

Legende: I Istzustand
S Sollzustand

Bild III.3: Tabelle für die Erstellung des Anforderungsprofils der Hilfsmittel zur Informationsverarbeitung